Beyond a Child's Mind

读懂孩子

周鼎文家庭教育智慧

周鼎文 著

商务印书馆
The Commercial Press

感恩我的父母周良治先生和苏育英女士
感恩我的恩师海宁格先生
感恩所有来访者
因为你们的爱
让我有机会实现人生的理想
帮助许许多多的人改变命运
并使后代的子子孙孙也得以受益

推荐语

教育，就是为社会培养"好孩子""好公民"。首先就要学会尊重父母、他人、社会及生态平衡。本书提到的"序位法则"在家庭关系和社会关系中的运用，不仅能帮助父母更好地审视自己，还能从实例中学习如何处理孩子的问题。这是一本真正能够帮助家长做好家庭教育的好书。

孙学策（著名德育专家、教育部德育处第一任处长）

一木让我们更了解孩子内心的心灵地图。当我们从心出发，以孩子为本，我们就能真正看到孩子，了解孩子的内心。一旦内心的联结开始建立，父母和孩子的互动就能更加有爱、和谐。孩子也更容易接受我们的帮助，更健康地长大。

陈纪英（著名心理专家、
清华大学附属中学心理中心创建人）

这本书让我更加坚信，没有一个孩子是有问题的。那些我们表面看上去有"问题"的孩子，不过是我们没有帮他们找到自身的优点和长处。如何读懂孩子，让他们更快乐地学习、成长，本书开阔了我们的视野，让家长们站在"系统"的高度，找出解决之道。

魏书生（著名教育家、东联教育研究院院长）

如何减轻孩子过重的学习负担，提高孩子的学习效率？除了培养孩子良好的学习习惯和学习思维，孩子的家庭关系也至关重要。家族系统排列是一个新视角，能让我们更全面地了解孩子学习问题背后的原因，让每个孩子都能在家庭的支持下，更好地投入到学习和成长中去。

龚正行（著名学科专家、北京市第八中学老校长）

- 目录 -

自序:"爱与归属感"是孩子的答案 /1

第一章　孩子如何爱自己的家 /1
　　　　人的本能是什么 /3
　　　　良知警报器何时响起 /9
　　　　看到如实生命,活出真正自己 /16
　　　　爱就要实践生命的五大法则 /18

第二章　孩子是家庭最好的镜子 /21
　　　　静观镜照,挖掘孩子行为背后的家庭真相 /23
　　　　为爱承担,问题孩子只是家庭的"替罪羊" /26
　　　　家族系统排列,用一种新视角看见孩子 /30
　　　　练习　画出家族系统图 /32

第三章　孩子的行为在说什么　/35

面对孩子的问题行为，家长要有所觉知　/36

孩子心中需要爸爸的位置　/50

离婚夫妻如何陪伴孩子成长　/56

特别话题：隔代教养　/59

内在排列：面对父母冲突或离异　/63

系统观读懂孩子：常见行为问题　/66

家有儿女 Q & A　/68

练习 1　称赞孩子像对方的优点　/78

练习 2　如何帮孩子修正行为　/80

第四章　孩子的情绪在说什么　/83

孩子情绪问题里有多少承担　/85

与孩子一起走出亲人过世的悲伤　/93

堕胎，痛的绝非只有母亲　/98

内在排列：为堕胎的孩子祈祷　/105

系统观读懂孩子：常见情绪问题　/108

家有儿女 Q & A　/111

练习 1　静心呼吸，陪孩子调整情绪　/119

练习 2　当孩子有情绪时，具体的应对技巧　/121

第五章　孩子的人际关系在说什么　/131

中断的联结如何影响孩子的人际关系　/133

重新联结母亲，帮助孩子建立人际亲密关系　/135

归属感对于孩子等同于爱和幸福　/137

用更好的方式来面对家族秘密 /140
内在排列：联结生命的源头 /144
系统观读懂孩子：记住常见人际问题 /147
家有儿女 Q＆A /149
练习1 教孩子交朋友，加入新团体 /154
练习2 如何面对其他孩子的嘲笑戏弄 /156

第六章　孩子的疾病在说什么 /161

看见孩子，而不只是看见疾病 /163
"多动"孩子的背后，是充满争吵与冲突的家 /167
爱阻塞，所以心也阻塞 /171
战争创伤对后代影响有多大 /176
对不起，我们不该恣意伤害你们 /181
内在排列：对世间万物的祈祷 /186
系统观读懂孩子：常见疾病 /189
家有儿女 Q＆A /192

第七章　我的教育观 /195

什么是真正的成功 /197
爱的系统教育 /199
永远不能忘记品德教育 /202
表达自己、关怀他人就是成功的情绪教育 /206
孩子，我们这一生为何而来 /209
练习 48小时内行动 /212

附录1　给家长的家族关系检视表　/213

附录2　读懂孩子——
　　　　生命教育/家庭教育在校专案实施计划　/217

附录3　百万家庭读懂孩子读书会筹办计划与讨论提纲　/220

附录4　道石教育（TAOS）简介　/224

附录5　延伸阅读　/226

自序
"爱与归属感"是孩子的答案

这些年，我帮助了许多孩子和家庭朝向幸福快乐。我看到每对父母都爱自己的孩子，也看到每个孩子都爱自己的父母与家人。但既然都有爱，为什么还是出现了许多问题——行为偏差、情绪困扰、学习问题、人际关系出状况，甚至生出许多疾病？

这些问题都是不好的吗？它们是否在告诉我们什么？想了解这些问题背后的根源，我们就要学会用一种新视角来看孩子，那就是用"系统观"来看孩子，孩子的生理心理系统、家庭家族系统、人际关系系统，以及社会国家集体系统，乃至更大的生态系统对孩子都有重大的影响。透过系统观，我们才能更好地了解孩子，读懂孩子。

在辅导了数千个家庭之后，我发现这所有的系统影响孩子最关键的点就在——"爱与归属感"。它几乎是每个人心中的渴望，也是我们在温饱后要达到人生理想的那座桥梁。尤其对正处于成长阶段的孩子而言，它更显重要。在帮许多家庭做辅导时，我发现许多孩子的问题就出在找不到"爱与归属感"。

因此，如果你不了解"爱与归属感"，就没有办法真正了解你的孩子。

本书用深入浅出的方式告诉你，爱与归属感是什么，爱与归属感在孩子的深层心理、家族系统，以及社会、生态系统里如何影响孩子。透过实例与解说,从孩子们的行为、情绪、人际关系和疾病四个面向来了解与引导孩子。更重要的是,我们找到了转化的钥匙,让爱与归属感不再是负面的负担,反而可以成为孩子成长的助力;让家族的系统动力不再是孩子的牵绊,而能转化成孩子坚强的靠山。如此一来,危机就能变成转机,烦恼就能变成智慧,疾病就变成了祝福。

要如何办到呢?父母要以身作则。

想了解孩子,首先我们要了解自己,因为我们每个人的内心深处都有一个孩子。你要觉察自己是什么样的人?你有怎样的身心、情绪、行为与人际模式?你是如何过你的人生的?

最重要的是,觉察你是如何在爱?觉察自己的爱是"盲目的爱"还是"成熟的爱"。什么是"盲目的爱"?就是害怕失去归属感而让自己用牺牲、承担、跟随或受苦的方式,重复家族不幸命运的爱。什么是"成熟的爱"?就是能回到自己的序位,尊重家族系统中所有成员的爱,遵循"生命五大法则"的爱。我们能否将"盲目的爱"转变为"成熟的爱",不仅为孩子做了一个示范,更直接影响着我们能否实现自己的人生理想。

了解自己才能了解孩子;改变自己,孩子也会跟着改变。

我在辅导的过程中看到许多家长和孩子,因为明白了什么是成熟的爱,明白了生命的法则,他们的人生确实发生了令人欣喜的改变。怀着这一份感动,我写了这本书。这本书凝聚我多年观察与工作的经验,有新兴的理论支持与真实的案例解说,再加上内在引导与具体实用的练习。各位读者,不管你是家长、教育学者或专业助人者,如果能用心跟着本书的内容走,领悟与实践其中的道理,熟练这些引导与练习,我确信会让你在陪伴孩子的过程里,学会爱、收获爱、成就爱,从而将自己与孩子带往一种光明、理性、成熟的爱当中。

如何读这本书？关键就是要敞开心胸，反观自己，并亲身去探索与实践。有伴侣的，最好跟伴侣一起读，这样你们可以共同成长，一起讨论如何教导孩子。你也可以读给孩子听，循序渐进，一次读一个段落，并和孩子一起做练习；大一点的孩子也可以自己读，相信孩子们会在潜移默化中自行吸收领悟。老师们可以带学生读并做练习，安排进度让学生分组运用创意，例如表演、朗读与讨论等方式，把书中的知识用相对直观的方式呈现出来，这样学生自己会领悟得更多。

本书最后一章是未来教育所关注的新焦点，也就是爱的系统教育、品德教育、情绪教育及生命教育的结合。我在这章做了扼要的重点说明。这几项教育项目在过去已有许多进展，如能有所结合，将为更多家庭与孩子带来甚多益处，我极力推广，目的是让更多人受益。

本书能够付梓要感谢海宁格老师及我所有的老师，还有TAOS道石教育、出版人贝为任先生、心灵工坊所有工作人员，柯琳娟老师、吴慧玲老师及所有参与者的付出。最要感谢的是所有曾来找我协助的家长与孩子们，你们用生命来增长我们的智慧，你们面对困难的勇气和渴望成长的决心更令人钦佩。在我心里，这本书是我们共同的著作，是用心、用爱、用专业、用辛酸、用血泪，甚至用生命所写的一本书，我在这里极力推荐给大家，只要是当过孩子的人，都应该读一读。

是的，孩子是我们的过去、现在和未来，因为我们每个人也都曾经是孩子。这本书不但可以启发孩子，更可以启发我们自己。读完本书你会发现，孩子问题的背后都是爱，每个孩子的心灵都是美好的；你也会发现自己的心灵也是美好的。透过这份启发,我们将实现更美好的未来!

关于本书中的练习

本书各章中的练习,有些是我设计的,有些是采自国际亲子专家的,我运用过,觉得很受益,所以也介绍给大家。

当孩子出现一些状况时,首先要了解孩子与自己家庭的心理状况,并进一步探索深层的系统动力,寻找认证合格的排列师,为孩子与自己进行系统排列个案。

此外,学习沟通与静心技巧是很有帮助的,透过本书我们既然知道了孩子的成长阶段受"爱与归属感"影响最大,那么与其被动受影响,不如有觉知地善用它。本书中各章的练习,就是"爱与归属感"在正面方向的运用。父母是孩子的第一任老师,我们希望孩子养成什么习惯,我们自己要先养成;我们希望孩子成为怎样的人,我们自己要先做到。清楚明白"爱与归属感"的力量,并且能活用它,你就掌握了引导孩子成长的诀窍。

第一章

孩子如何爱自己的家

许多孩子的问题,
甚至包括成人不幸的命运,
都是因为不知如何处理
需求与良知间的冲突。

人的本能是什么

我将人类的需求分成三种,每个人活在世上都有一种本能,就是使这三大需求得以圆满:

- 个人需求
- 系统需求
- 灵性需求

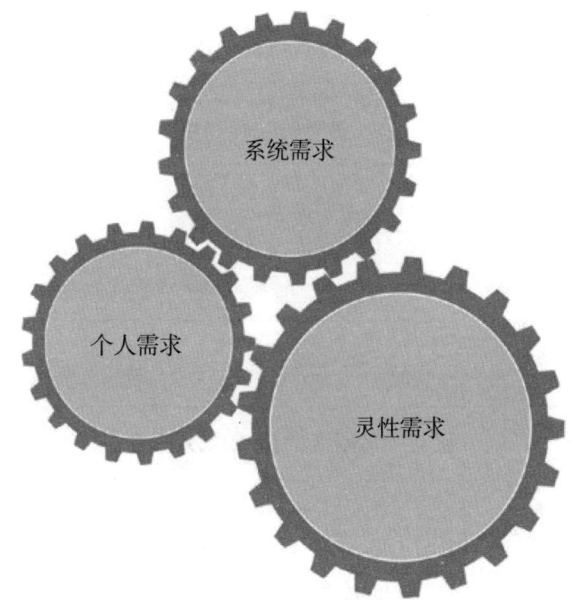

图1 人类三大需求

个人需求

美国人本主义心理学家马斯洛（Abraham Maslow）在他的需求层次理论（见图2）中，将个人需求从低到高依次分为生理需求、安全需求、爱与归属感的需求、尊重的需求和自我实现的需求。

这也就是说，一个人最基本的需求是活着，有了基本的存活条件之后，他才会进一步生出精神需求，如希望生活在关爱当中，希望拥有归属感，希望得到尊重，进而实现自己的价值。

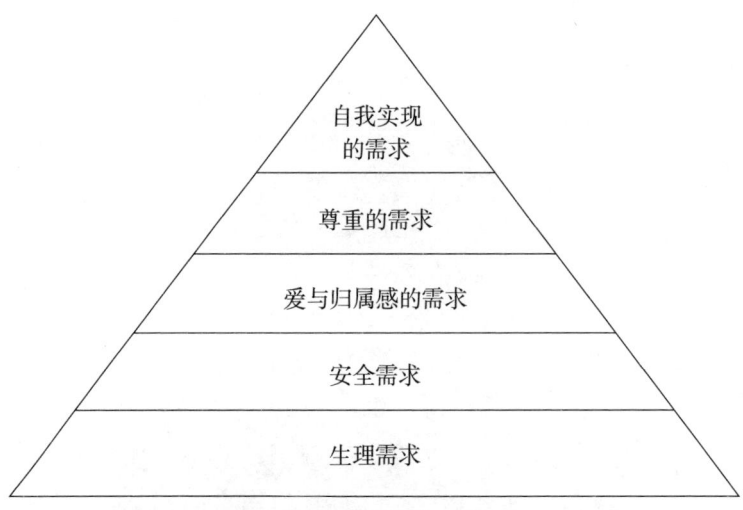

图2　马斯洛的需求层次理论

同样地，当我们的孩子不愁吃穿，生活安全的需求被满足之后，他自然会想要满足更高层次的需求，而"爱与归属感"正是人在孩童阶段最大的需求。归属感就像是孩子心灵的食物，孩子为得到这些食物会采取一些行动，会让一些事情发生在自己身上，只是这些事情并不一定对他自己有利，例如行为触法、情绪困扰、身体疾病、人际问题、学习障碍等。甚至有一些孩子，会无意识地重复家族成员的命运，如会生病或者出现意外。

怎样获得归属感？答案就是：做相同的事，与家人经历相同的状况。这样我们会感觉到自己归属于这个家。从哪里最容易看出来？从一个家庭的饮食。比如说，有些家庭喜欢吃辣，一吃辣，他们就会觉得自己归属于这个家，不吃辣就会对这个家产生疏离感。因此，做相同的事情，会让人感觉到归属感，这份归属感的需求会影响人生的种种结果。

又比如，父母如果婚姻生活不幸福，孩子想与他们产生归属感，就会跟他们发生相同的事情，不知不觉中，他自己的情感也会不顺利。最特别的是，这种归属感的要求已经超越了脑中想要幸福婚姻的需求，它是无意识的，它会推动我们不知不觉地复制家人的命运。我见过很多孩子为了归属感、为了让爸爸妈妈复合，他们会生病，或做一些违背健康快乐生活的举动，甚至情绪、学习乃至人际关系都会出问题。因为孩子在潜意识里感受到的都是：如果我做相同的事情或和家人有一样的命运，我的心就会得到归属的满足，否则我就会有罪恶感和孤独感。由此我们会发现，孩子对归属感的要求非常强烈，已经超过理智上的判断。

但不论出发点怎样，这些都是一种低层次的归属感，是一种盲目的爱。如此，我们就没有办法实现更高层次的归属感与人生理想。而事实是，当我们用更成熟的爱的方式来爱家人时，我们会发现，其实我们仍旧是归属于这个家的。明白这个事实才是自尊真正产生的契机。我们内心感知到的罪恶感是无法避免的，但当我们可以用"让自己过得更好"的方式来爱这个家时，我们的爱就变得不一样了。

从跟随的、盲目的、重复的爱中解脱出来，活出属于自己的人生，这就是成长。它需要一份觉知与勇气，大人小孩都一样。尤其是为人父母，除了让孩子温饱，最重要的是教孩子学会如何爱，让孩子从"盲目的爱"成长为"成熟的爱"。这样他才能健康快乐地长大，有力量实现自己的人生价值。

那么，到底该如何爱？归属感的层次要如何提升呢？要做到这些，我们就要领悟"爱的法则"，也就是"生命五大法则"——整体法则、序位法则、平衡法则、事实法则、流动法则。这五大法则，后文我们会具体介绍。

系统需求

我们可能对系统知识并不熟悉，但是它却对我们产生了极大的影响。我们每个人都在系统里。系统是一个集体的组成，小到家庭系统、国家社会系统、生态系统，大到地球、太阳系的系统。其中，家族系统对人的影响比我们想象中的更加广泛。孩子的许多行为、情绪、人际、身心等状况无一不受其影响。

家族系统（见图3）就像一个巨人，如同个人有需求一样，家族系统本身也有其需求。家族系统的需求包括：家族系统完整性的需求、遵守先后次序的需求、平衡的需求、为了让家族存活而共同形成的核心事实与共同理念的需求，以及生命传承的流动需求。

系统需求与个人需求的关系就好像我们的某个器官与整个身体的关系，如果身体无法协调好各个器官，那么各个器官最终也会出问题。家族系统为了满足这些需求，总是以系统为优先，而不会考虑个人的健康快乐或成功失败。但如果我们明白家族系统

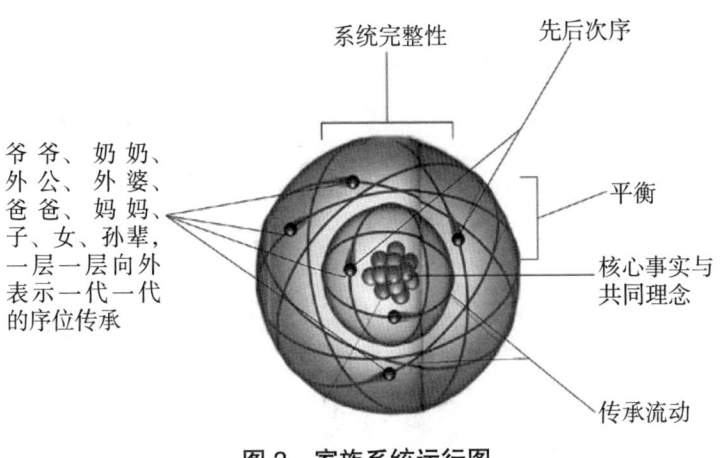

图3 家族系统运行图

需求的规律，学会用更好的方式，即生命五大法则使这些需求得以圆满，那么，我们的个人需求与家族系统需求的层次都能得以提升，我们和孩子的人生也会变得不同。

灵性需求

灵性成长的需求是每个人来到这世上的最终目的。即透过经历所发生的一切，领悟到生命的真谛，活出真正的自己，与生命大道和谐同行。

灵性需求是超越系统整体的。如果我们说系统需求是太阳系的话，那么灵性需求就是宇宙。宇宙在人类出现前，在太阳系出现前就已经存在。它不受万物的支配，充盈于天地间。它看不见摸不着，但一直在活动运行。老子这样解释它："有物混成，先天地生。寂兮寥兮，独立而不改，周行而不殆，可以为天地母。"并称之为"道"。

图4 宇宙混沌星云图

  使灵性成长的需求圆满就是一个悟"道"的过程，透过领悟与遵循生命五大法则，可以帮助我们一窥"道"的运行奥妙。它能超越家庭和种族，超越分别心，帮助我们与孩子领悟使人性圆满的爱。

  以上三种需求的共同作用，维持着我们所属的群体，并形成了这个世界。

良知警报器何时响起

个人需求、系统需求和灵性需求共同作用维系着我们所属的群体，但是需求间会不会发生矛盾？当然会。当它们发生矛盾与冲突时，"良知"这个警报器就会响起。

什么是良知？良知告诉我们与所属群体的关系状况——我们的行为是否危及我们所归属群体的权利。

人类是群体动物，就如同狮子、狼群、斑马等，在深层的生物记忆里，脱离群体对我们来说就代表着危险。例如，再凶猛的狮子，如果落单，也有可能被狼群吃掉。因此，一个人是否能够适当地与其所在的群体相处，有可能影响到他的生存。当一个人的行为危害到他与群体的关系时，他的内在就会有一个警报器响起，并告诉他："你的行为危害到你与这个群体的关系了！"这个警报器就是良知。而他所感受到的这个不舒服的信息就是"罪恶感"。当他改变自己的行为，使之不危及自己与群体的关系时，良知的警报器便会发出另一个信息："你现在安全了！"这种舒坦的感觉就是"清白感"。而我们所属的最重要的一个群体就是家庭。

许多孩子的问题，甚至包括成人不幸的命运，都是因为不知如何处理几种需求间的矛盾，不知如何处理需求与良知间的冲突而产生的。

个人需求发生矛盾

比如，孩子对爸爸的个人需求和对妈妈的个人需求发生冲突时，孩子做了爸爸要求的事却违背了妈妈的意愿。这时，孩子心中的良知就会对妈妈产生一种罪恶感，担心是否会影响自己与妈妈的关系，但对爸爸就会有一种清白感。因此，罪恶感和清白感常常是同时出现的。如果爸爸和妈妈的要求非常不一致，长时间下来孩子就容易形成内外不一致的性格，或学习容易分心、不专注，严重的可能会产生多动的情况。

又比如，孩子交了一群喜欢玩在线游戏的朋友，他对这群朋友有归属的需求，如果不玩在线游戏，他的良知就会不安，就会对这群朋友有罪恶感；再比如，孩子交了一群喜欢偷窃的朋友，他如果不偷窃，良知就会感到不安，就会发出罪恶感的警报，因为他的行为危害到与这群朋友的关系，所以他偷东西反而会感觉心安。但偷东西时他对父母及社会又会产生罪恶感。因此，我们要明白，良知警报依据的不是所谓的善恶对错，而是我们与所在群体的归属联结。能明白这一点，你就能明白，孩子的许多问题就是个人归属感的需求在作祟，是为了归属某群体而产生的盲目行为，孩子甚至会在无意识中做出对自己人生不利的选择，如生病、不学习、情绪不稳定、人际关系出问题等。

另外，孩子还有一些问题是因为个人需求与系统需求间产生了矛盾。因受到家族或社会的集体系统动力影响，孩子产生了许多莫名的行为与情绪，出现莫名的人际关系问题与疾病，这种情况父母更难察觉。但幸运的是，这些年我们通过系统排列心理技术的运用，对良知与系统动力有了更深的了解；通过厘清个人需求与系统需求间的矛盾，我们已经在全世界为许多父母与孩子开启了幸福、成功的大门，而这也是本书的宗旨和意义所在。

个人需求与系统需求产生矛盾

比如，个人喜好的需求与家族系统"完整性"需求间的矛盾。个人因喜好与相处经验会认可某些亲人，忽略某些亲人，甚至排斥某些亲人。但是家族系统完整性的需求是针对家族里面特定的这群人，而不仅仅是你曾经相处过的某个人，即每个人都必须在这个家族里有一个位置。这个系统特定的人群包括：爸爸、妈妈、爷爷、奶奶、外公、外婆、叔、伯、姑、舅、姨，甚至是家族系统里面没能存活下来的夭折的孩子，或者是一些发生不幸事件的家人，他们都需要在家族里有一个位置，被接受、被尊重。这份系统完整性的需求要求家族系统里面的每个人都有归属于这个系统的权利，但这就和个人需求产生了矛盾和冲突。有些家族成员，比如夭折的或者被送走的兄弟姐妹，我们可能不知道或忽略、忘记他们，但系统需求会要求我们在心里看到他们，接纳他们。这个时候，个人喜好的需求就会跟系统需求的完整性产生矛盾。

又比如，个人的爱与家族系统序位需求间的矛盾。家族系统要求每个人都要遵守长幼的序位，但有些孩子对父母的爱却违背了序位法则。例如当父母吵架时，有的孩子会跑上去当裁判，管教对方说，你们必须怎么样好好相处，更有甚者会帮其中一方去责怪另外一方。这样，序位就错乱了。此时，孩子就会因错位而出现很多状况，比如生病、不快乐、情绪不稳定，甚至厌学等。这也是个人需求与系统需求产生冲突的结果。

再比如，个人与家族系统的平衡需求间的矛盾。个人需求的平衡是我给你什么东西，你也要给我什么东西，是施与受的平衡。在家族系统里，除了这份施与受必须平衡外，还有一件很重要的事需要平衡，那就是父母和孩子间生命传承的平衡。父母给我们生命，将我们抚养长大，这其实是一个巨大的失衡。因为我们无法通过给父母生命来平衡它。因此，这里就有一个需求，一个隐藏动力，就是我要去平衡这个失衡，但需要用特别的方式来平衡。

当这个动力往负向走的时候，它就会停留在表面的施与受当中。父母对我好，我很开心；父母对我不好，我就很难过，所以我也对父母不好。其实，不用谈及父母照顾孩子长大，光是父母把生命给了孩子这一点，就是一个巨大的给予。但是孩子往往没有看到这个巨大的给予，没有看到这个巨大的礼物，他会觉得，如果自己没有被父母很好地对待，就同样无法好好对待父母。此时，这份巨大的失衡就没被觉察，亲子关系就会变糟糕。

还有一种情况，孩子潜意识里认识到父母对自己的巨大给予，感受到了平衡需求的巨大压力，却没有回报以平衡，于是在良知上产生罪恶感，并在潜意识里选择走向贬低自己生命价值的路，让自己过得很糟糕。他的潜台词是："看，我的人生过得并不好，所以你给我的礼物并没什么珍贵的，我也不用珍惜它。"他们在潜意识里通过贬低生命的方式来平衡这种失衡。

那么，我们要如何平衡这种巨大的失衡呢？在家族系统里面，这个平衡需求要求孩子看到父母对孩子的巨大给予，而孩子却没有办法用给予父母生命的方式去平衡，于是系统所需求的平衡就是：孩子要像父母把生命给自己一样，生下自己的孩子，并在父母年老时照顾他们，以此实现一种流动的平衡。这也是一种施与受的平衡，而且是一种正向的流动的平衡。

同时，家族系统的平衡需求要求我们善用自己的生命。我们得到生命这么珍贵的礼物，就要好好珍惜，要让自己的生命价值得到最大程度的体现——这也正是马斯洛的自我实现的需求。正是由于这样的动力，我们会发现，如果一个人没有自己的孩子，他就要用自己的生命为这个世界做许多珍贵的事情，让自己所做的事情像父母给予生命这么珍贵时才能平衡父母巨大的给予，才能获得内心的平静。

因此，平衡个人需求与系统需求，是使灵性需求圆满的途径。当我们的灵性需求圆满时，个人需求与系统需求也会得到圆满。

化解矛盾使灵性需求圆满

个人需求、系统需求、灵性需求，要达到这三者的圆满，都需要遵循生命五大法则，但彼此之间是相互触动、相互影响的关系。三者就像紧密契合在一起的齿轮（见图5），一旦发生冲突，个人就会出现状况；如果彼此和谐，三者同时顺畅运行，我们也会身心调和、家庭幸福、事业成功、受人尊重、实现人生价值，进而活出更大的爱、活力、智慧与慈悲。

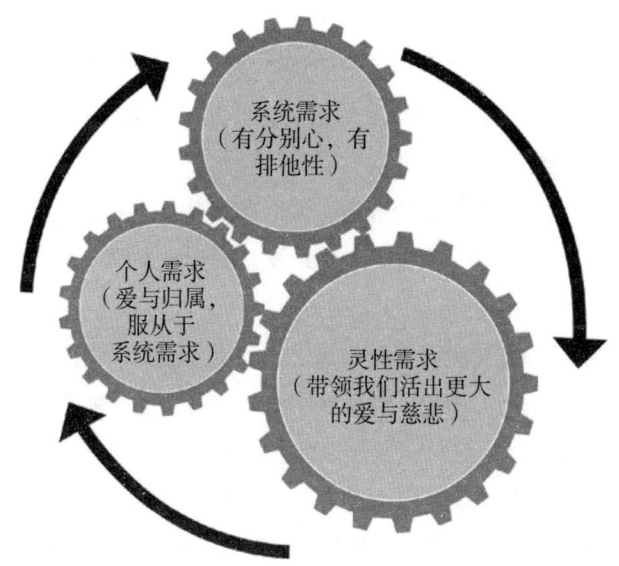

图5　周鼎文三大需求关系示意图

个人需求、系统需求、灵性需求三者彼此影响，相互促发

因此，我们要明白，系统是一个集体，是人集合起来的，小的比如家庭系统、公司系统，大一点的如种族系统、国家系统。我们每个人都在系统里面，系统里面每个人都有自己的位置。只要是一家人，就要承认每个家庭成员的位置；作为一个国家，就要承认每个人都是这个国家的公民。为了让系统内部成员有这样的归属感，我们对系统外的人就会有排他性，就会有分别心。而这种排他性、分别心就会跟我们的灵性需求产生矛盾。

比如一条河的上下游各有一个村庄，分别是王庄和李庄。王庄的村民属于同一个系统，李庄的村民又属于另外一个系统。某年干旱，两个村子的村民为了农田灌溉爆发了冲突，村民们都忠诚于自己的系统，都愿意为了自己系统的利益而不惜损害其他系统的利益。可以看出，有时候这种系统需求会让我们盲目忠诚，无法看到更大的整体。

而灵性需求就是那个更大的整体。以灵性需求来说，生活在这块土地上，生活在地球上的生灵，彼此之间都需要和谐相处。也就是说，双方的利益都是重要的，双方都应该被接受。如果在这当中发生了一些失衡的事情，无论什么事情，一定能找到一种好的方式使它圆满。系统需求如果没有找到更好的方式去实现圆满，就会有很多冲突。

在灵性的良知里，遵循最高层次的生命法则，我们就会站在一个最高的角度去检视，会站在宇宙生命的"道"来看一切。原来我们所有的人、所有的生灵，在这个宇宙生命的大系统里都有一个位置，这就是灵性需求的完整性。它要让所有事物都在宇宙中有一个位置，即使是很小的物种，即使是很小的国家。

灵性需求的完整性要求我们接纳世间所有的事物——这正是我们需要成长的地方。如果我们能从系统需求达到灵性需求，遵循生命运作的法则，那么，我们看待事情就能带着一份真正的智慧，一份更大的爱，一份慈悲。智慧与慈悲就是灵性需求的成就。

有时候，为了满足个人需求，或满足个人对家庭的忠诚，我们就会与心里的灵性需求发生冲突。比如在生活中，为了口腹之欲，人们用很残忍的方式来杀害其他动物，这与灵性需求是冲突的。因为在灵性需求层面，动物也有自己的位置，也要被尊重。我们要带着平衡和平等的心，取用我们所需。每一个物种都应当在这个世界平等存在，我们对其他物种或生态的掠夺和伤害会引来失衡与反扑，这些失衡汇集成强大的负向力量，并最终落到我们自己身上，落到孩子身上。

所以，我们才要对大自然进行生态保护。现在，绿色产业的观念已经兴起。我相信，这肯定会成为未来产业的主流。因为，我们都希望下一代的生活中有蓝天白云，有绿水青山，有鸟虫鱼蝶。

整体来说，我们的个人需求是朝向自我实现的，集体系统的需求是为了保护集体存活的，但它们都是可以转化和提升的，若这两种需求都能跟随着灵性需求的呼唤，那么，自我实现就不是简单的个人利益的小我实现，而是一种灵性上有利于整体的大我实现；同时集体系统的存活与成长，也将能发展出一种更包容、更成熟的共存、共赢智慧。

看到如实生命，活出真正自己

孩子天性清明，灵性良知是清醒的，所以他们能够觉察世界"如实的样貌"。但在成长过程中，为了满足个人需求与系统需求，各种观念开始逐渐塑造孩子的经验世界，为孩子戴上有色的眼镜。例如，为了满足归属于这个家的需求，他开始忠诚于这个家的命运、信念等，会重男轻女、婚姻不幸福、为了家庭和谐压抑内心的真实想法等。孩子通过做相同的事来表达对家的忠诚，以免危害到他属于这个家的归属权利。渐渐地，孩子终于建立起自己的良知，也塑造了他自己的命运。

然而，世界的如实样貌是以"临在"的方式存在着，孩子们的这种忠诚将模糊、扭曲或阻碍他们看见世界的本然面貌，影响他们看见事情如实的样子。因此，一个人只有开始觉察到自己是如何看待这个世界，如何面对家族中的事件，并且愿意放下自己和事实之间的阻碍，才能够再一次看见事情如实的样子，活出生命要他活出的本然样貌。

而作为父母，我们要看到的事实是什么呢？

首先，我们要看到孩子是用什么方式在爱这个家，在爱我们。他们是否用牺牲、生病的方式，或不快乐、不成功的方式在爱这个家，在爱我们？更重要的是，我们要看到自己，要反观自己是如何爱的，因为我们爱的方式深深地影响着孩子。我们是否用错位的方式在爱？是否用重复家族负面命运的方式在爱？还是能学会把这份爱转化为尊重的爱,看到家族亲人们如实的命运并且真正尊重他们?当这份尊重与感谢足够真诚、到位,归属感就不再是纠结、牵绊,而会转变为更大的支持力量。

其次,我们要看到"我们的生命是透过祖先一代一代传下来的"这个事实。看到生命的力量是如何在我们身上生发的,这会让我们懂得感恩与努力,会让自己过得健康快乐、幸福成功,并以实现人生理想的方式来报答父母的生命传承。这时候,"孝"就自然发生了,"成熟"也自然发生了。然后,我们会本能地开始朝向一个新的旅程,来到一个制高点,我称之为"开悟"。而这就是我们的成长之路,孩子也是一样的,生命就是一步一步朝着开悟迈进的旅程。

使灵性成长的需求圆满,就要探索自己、探索世界,活出生命要我们活出的本然样貌,将盲目的忠诚蜕变为成熟的爱,重新看见世界如实的面貌。踏上更有智慧、更慈悲的开悟之旅,这便是生命的教育。

如何实践生命的教育?即透过领悟爱的道理,实践生命五大法则,活出真正的自己。

爱就要实践生命的五大法则

老子说:"人法地,地法天,天法道,道法自然。"

道,或称宇宙的生命力,它无所不在,在爱里,在生活里,在工作里,在人际关系里,小到我们的身体系统、家庭系统和社会系统,大到地球和太阳系的系统。我们每个人都在系统里。我观察到宇宙生命力的运作是有其规律的。我将其归纳为生命五大法则:整体法则、序位法则、平衡法则、事实法则、流动法则。

这五大法则是宇宙的运作规则,也是人生的运作规则,如果能够遵循这些法则,就能够让自己迈向幸福成功的人生,实现自己的理想。但如果违背了这些法则——如同许多孩子做的那样,即使是出于爱,也无法实现自己的人生价值,还可能遭受身心的痛苦,上演人生的悲剧。

一、整体法则:关系是一个有机的整体系统,整个家族也是一个系统,所有的家族成员都要被承认,每个人都有一个位置。一旦某个成员因为某些原因不被承认,比如因犯罪被排斥,这时家族中就会出现一个空缺,促使系统里的其他成员去填补。而通常填补这个空缺的都是孩子,这让填补其位的孩子也在不知不觉中产生类似不守规矩甚至犯法的行为。同样,系统里面发生的事,会由系统内的成员反映出来,成员会承担系统的未尽之事。因此,整体系统的事件是优先于个别成员的。这就意味着,当系统里发生了某些特别的事件,比如孩子早夭,如果这件事情没有得到很好的处理，系统内的其他成员，尤其是孩子，就容易出现一些莫名的情绪或行为。

二、序位法则：正如日月星辰各居其所，系统里的每个人也都有其归属。家族系统当中，每个人都应在这个家里按照长幼辈分的"顺序"被尊重，每个人都要回到自己应该站的位置上。违背了法则的后果是什么？一是失败。无论动机是否出于爱，当孩子将自己放在一个比父母高的位置时，便注定会失败。二是会给家族带来痛苦和教训。比如，孩子觉得父母生活得不好，想要改变父母的命运。又比如，孩子想要为父母承担他们的命运，替代父母生病或者为父母而死。这些都是很常见的案例。但是对父母来说，让孩子代替自己受苦或去死是比付出自己的生命更悲惨的一件事。

另外，家庭之间也有序位，新成立的家庭也要先于原来的家庭受到照顾。

三、平衡法则：万事万物都想要平衡、希望平衡，我们走路的时候是平衡的；春生夏长秋收冬藏，四季轮回也是平衡的；人与人之间的互动，在施与受之间保持平衡更是重要的法则。夫妻、情感、施受、金钱、工作都要平衡地对待。

另外，还有一种特殊的平衡就是亲子关系。父母给了我们最珍贵的生命，我们无法也给他们生命。但是我们可以达成另一种平衡，就是如同他们一样，把生命传给我们的孩子，并且孝顺父母。这就是生命的流动性平衡。

四、事实法则：尊重与承认事实的原貌，按照事实如实的样子承认它。家庭中的悲剧，或是每个人在家族系统里面的身份，这些都必须得到尊重与承认。比如有一个家庭，大孩子意外身亡，父母为了避免触景伤情，就把这个孩子留在家中的所有信息清除干净，结果其他的孩子接二连三地发生类似事件。这是因为当家庭不愿承认这件事，以忽略或否定等方式逃避时，这件事就成了家庭当中的未尽之事。而事实法则教我们的就是如何对待事实。

我们也经常会因为某个人的行为而否定他的身份事实，这样的状况在离婚的夫妇当中很常见。一方很容易否认另一方，并对孩子说"你爸爸（妈妈）不负责任，不配当爸爸（妈妈）"。这个时候，系统里面的其他人，尤其是孩子，会感觉不安，并出现不当的情绪或行为，重复发生相同的不幸。

五、流动法则：我们的生命是流动的，每个生命个体都是生命信息的接收器与发送器。同时，通过生命群体关系的相互交流，生命信息得以在群体中传递，家庭、公司、社会等群体系统，都是如此。生命一代代传承，关系中的信息也跨越时代而传递，情绪、信念、行为模式、身体状况、命运遭遇，甚至瑞士心理学家荣格（Carl Jung）所提到的集体潜意识，无一例外。所有生命的信息都在关系内部传递着。因此，过去的事情会影响我们，而属于我们这一代的未尽之事也会影响到下一代。

同时，流动法则也强调我们要学会如何面对与放下人生的种种遭遇，学会顺着生命的大力量一起流动。

这五大法则是生命的法则，是爱的法则，是大生命运作的力量在人身上的体现。一旦我们违背了它，它就会给我们警示和教训。而这些警示和教训最容易在孩子的身上呈现出来。

那么，如何知道我们是否遵循生命的法则呢？如何知道我们是否走在对的路上？从孩子身上就可以看出来。因为孩子就是家庭以及父母最好的镜子。

第二章

孩子是家庭最好的镜子

在家庭中,
没有人是一座孤岛,
孩子就是我们最好的映照。

静观镜照，挖掘孩子行为背后的家庭真相

英国诗人约翰·多恩（John Donne）说："没有人是一座孤岛。"确实，我们每个人都生活在关系当中。而人生中最重要也最初始的关系，就是我们与父母的关系。

我曾经看过一个短片，在短片中，一对年轻的父母为了照顾小孩，在家里装了一个摄影机。有一天，他们1岁的孩子忽然大哭，为了了解情况，他们回放了影片。结果，他们看到了非常有趣的真相。原来，他们的孩子在独自玩耍时，不小心撞到桌子，跌坐在地上，当时，那孩子并没有哭，反而爬起来朝妈妈所在的方向跑了过去。他探头看到了妈妈时，立即倒在地上，开始号啕大哭起来。

这样的场景几乎所有人看了都哈哈大笑，但笑过之后，我们更要思考孩子的行为背后在表达什么。

曾经有一对夫妻，因为他们12岁的女儿离家出走来找我。后来层层探究之下发现，是妈妈老有离家的冲动。妈妈很小的时候，父亲就去世了。她一直对此耿耿于怀，经常有轻生的念头，想追随父亲而离去。虽然这样深层的心理状态她没有对任何人提起过，孩子却敏锐地捕捉到了妈妈的这种隐秘心理。所以，她想要留住妈妈。孩子如何把妈妈留住？最好的方式就是离家出走。这样，妈妈就必须留在家里等她——而这就是她离家出走的

原因。我帮这位妈妈重新面对她父亲的过世，并且让她从心里接受这个事实，真正愿意好好活下来。结果，当天下午奇迹就发生了，他们离家出走的女儿竟主动和他们联络，并表示要回家了。

通常我们听到孩子离家出走，就会想说这个孩子怎么这么叛逆，这么不懂事。然后，试图通过沟通去了解孩子是否遇到什么困难，想帮助他解决问题，或者让他感觉到家庭的温暖……

可是，谁知道这个孩子深层的心理，其实是在挽救想要离开的妈妈呢？只有妈妈学会用自己的幸福快乐来爱父亲，学会好好活下来而不是盲目跟随，她的孩子才能留下来。如果妈妈没有觉察到这一点，即使通过各种方式找到了孩子，孩子可能还会离家，因为孩子离家的症结还在。孩子是家庭最忠心的守护者。他们会想尽办法拯救父母，挽救父母的关系，他们甚至会牺牲自己来表达对父母的爱。即使孩子已经成年，只要爱的方式没有改变，一样如此。比如那个妈妈，即使她自己早已为人母，但原生家庭对她的牵绊依旧如昔。而她的小孩也像她那样，为了守护家庭，牺牲自己也在所不惜。这是爱，但不是成熟的爱。

透过血缘关系、姻亲关系，一个一个的小家庭汇到一起，组成一个大家族。家族当中如果有一些隐藏的事情，也会影响到这个家族里的某些孩子。

所以，孩子往往映照了他的家庭；当一个孩子表现出问题的时候，如果你去追究，可能会看到这个家庭，甚至这个家族中隐藏的某些问题。

我在工作中发现，很多家庭父母教养良好，感情和睦，孩子却出现了各种问题。我不断往下追踪，就会发现隐藏在家族中的各种未尽之事或家族秘密：早夭、意外、杀害、暴力、精神病、不当收入……如果这个家族并未好好地面对这些事，或有的人的命运不被接受，甚至遭到排除或忽略，那么家族中往往会有孩子去重复相同的命运。当家族中每个人重新被尊重，未尽之事得以重新被好好面对，过去的力量就能从牵绊纠结中转变成为支持的力量，支持孩子们更好地实现自己的人生。

有一个年轻人，每年四月份情绪就会陷入低潮期，甚至想自杀。后来我了解到，原来这个年轻人有一个叔叔，就是在四月份离世的。由于这个叔叔去世时很年轻，爷爷、奶奶、爸爸及家里的其他人没能好好接受这个事实，这件事就成了家族里隐藏的黑洞，使这个家压抑了共同的情绪。后来，家族中的其他人，包括这个年轻人，他们一起为这个离世的叔叔做了一些有纪念意义的事情。不久之后，这个年轻人的情绪病就渐渐消失了。

某种意义上，孩子就是家的一面镜子。当镜子上出现黑点时，我们必须到投射黑点的那个家里去探索隐藏在表象层层迷雾下的真相。如此，孩子的问题才能真正解决。

为爱承担，问题孩子只是家庭的"替罪羊"

前面说过，当一个家庭里出现需求间的矛盾时，良知警报器就会响起。而按下这个警报器的人，往往就是孩子。他会自己用行为上的问题、情绪上的问题、人际关系上的问题，甚至生病来宣告，这个家庭系统需要重新遵照生命的五大法则来运转。

行为问题

我们发现，如果父母之间出了问题，很容易导致孩子出现行为问题。孩子的心里需要归属感，需要一个地方让他有家的感觉。当他无法从原生家庭，无法从父母那里得到的时候，他就会通过别的方式去获得。比如，通过各种渠道去认识各种各样的朋友，好的朋友、不好的朋友都有。为了拥有归属感，他会跟朋友做一样的事情。此时，孩子心里没有对错，只有跟随。

很多时候，你看到一个孩子有一些不好的行为时会说："这个小孩怎么这么暴力？怎么老欺负别人？"然后你对他好言劝说，或者采取一些惩罚措施。但是，无论你来软的还是来硬的，这个孩子始终置若罔闻，屡教不改。于是你觉得特别失望，觉得这个小孩"没救了"。但如果进行深度探究，你就会发现，这个小孩出现这样的行为问题，其深层原因是在他的原生家庭里面，父母的关系失衡了。类似的行为问题还有偷窃，沉溺于网络、电子游戏，甚至毒品等。

情绪问题

有些孩子情绪很不稳定，不论什么事情都能引爆他的怒气，变得歇斯底里，或者莫名其妙就变得忧郁，甚至会有自杀的倾向。很多时候，我们会把这个情况归咎为少年们"少年维特的烦恼"，是处于青春期的少男少女们所特有的困惑感。但我发现，问题可能出在其他地方。

我的课上曾经有一个十一二岁的小女孩。第一天上课的时候她还挺平静的，第二天下午，课堂正在讲堕胎的议题时，这个小女孩突然站起来，指责道："你们这些父母怎么这么没有良心，怎么可以把自己的孩子杀掉？"她的情绪变得非常激动，把大家都吓了一跳。后来我才知道，在生这个小女孩之前，她的母亲还怀过一个男孩，但因为当时吃了药，担心孩子不健康，在胎儿七八个月的时候引产了。这个女孩的愤怒其实也是她未出生的哥哥的愤怒。

除了会承接没有出生的兄弟姐妹的情绪，孩子还会承接家族中某些亲属的情绪。我观察到，存在着杀害事件的家族，经常会出现这两类情况：一是产生思觉失调症、躁郁症或妄想症的病患；二是会有家族成员重复经历这些事情，他会去杀害、伤害别人，或者伤害自己。

身体的疾病

有些孩子则反应在身体上。比如在儿童医院，有些患有罕见或特殊疾病的儿童病患，像癫痫、自闭症，或是发育迟缓的孩子，很多是因为家庭或者家族中有一些隐蔽的问题。

例如，有个有自闭倾向的女孩被她妈妈带到我的工作坊。她妈妈说，女孩从不跟人互动，总是安静地躲在角落里。后来我探究到他们的家族会吃一些奇怪的动物，找到问题的症结所在，她家人也都愿意调整饮食习惯。不久之后，这个小女孩也变得不那么自闭了，甚至会主动跟人打招呼。

还有一个 10 岁的小孩，一直无法独自站立行走。后来我了解到，孩子的妈妈一直沉溺在丈夫的过世中无法自拔、一直不愿面对丈夫过世的事实。一旦遇到状况，妈妈的身心乃至生活全部停摆，经常被困在低潮里。这个孩子受到妈妈心灵的影响，为了陪伴妈妈，于是就生了一个无法"走"的病。

人际关系问题

有些则是影响孩子的人际关系，使他与人互动时产生困难，比如跟家人、同学或是朋友相处困难。曾经有一个孩子，他在学校常常跟同学起冲突，一言不合就打架。后来我了解到，他爸爸、妈妈的关系出现了失衡，爸爸比较强势，妈妈经常被欺负。孩子看到这种状态，非常希望保护妈妈。但他没有跟爸爸硬碰硬，而是压抑着这些情绪，到了学校，把它宣泄在与同学们的人际交往中。

危害生命

有的孩子还会通过严重危害自己的生命，比如重大疾病或者死亡，来承担家族的一些事情。我遇到过一个年轻人，他已经结婚了，但经常打自己的妻子。后来我发现，原来他小时候跟弟弟一起出去玩时发生了意外，弟弟就在他的面前被水冲走，最后溺水而亡。由此，他产生了很强的愧疚感，在潜意识里他很想跟弟弟一起死。他和妻子之间的关系反而阻止了他追随弟弟死去。表面看起来是家暴，实际上却是把这个年轻人留在世上的爱的助力。

当孩子出现问题的时候，无论是行为上的、情绪上的、身体上的，还是人际关系方面，抑或是危害生命的事情，我们都要去探究：当孩子出现这样的情况时，是否有深层的心理因素，是否是在为家庭承担什么？当我们注意到孩子选择爱家庭的方式、了解到孩子承担的事情后，就能找出好的方式来协助他们转变。因为除了伤害自己，一定还有更好的方式来表达他们心中的爱。

孩子会选择我们做父母，是一种特别的缘分，是给我们、给这个家庭，甚至是更大家族的一份重要的礼物。透过孩子的这面镜子反映出来的问题，都是为了引导我们更好地了解孩子、了解自己、了解自己的家庭与家族；更重要的是，让我们有机会反思，并从这些事里有所学习。

如果我们愿意敞开心扉，运用不同的观点，从不同的视角，去学习如何以更好的方式支持孩子，那么，从孩子带来的这份礼物当中，我们就可以学到更多、变得更好，我们的人生也会不断地成长和圆满。

家族系统排列，用一种新视角看见孩子

孩子出现问题，是希望通过爱，借由自己对家族问题的一些承担、替代，反映出整个家族未圆满之事。所以，面对孩子的问题，我们要在一般管教之外，超越正面或者负面的观点，多角度思考它是在提醒我们什么，是要引导我们看见什么。系统排列心理学或许可以为我们提供一种新的视角。

什么是系统排列

系统排列是由我的恩师——德国应用哲学家、生命教育家、心理治疗大师伯特·海宁格（Bert Hellinger）整合发展出来的心理学模式。它聚焦于家庭成员的互动与关系上，侧重从整个家族系统的角度去理解个人的行为与问题。它的发展历史大概是这样的：过去在家族治疗的实施过程当中，经常会发生一些临时事件，导致某位家庭成员无法出席，于是治疗师只好请助理来代表这位家庭成员。奇妙的是，治疗实施的过程中助理竟然能说出他所代表的人的感受，即使他对此人一无所知。很多治疗师注意到了这种现象，并开始进行实验。美国的一位女治疗师更是据此发展出了系统排列现象运用的雏形。海宁格先生在此基础上，进行学习与整合，创立了一种可操作的心理学模式，通过角色扮演及互动的方式，来解决人生当中的各种困境和困扰，进而使我们更接近生命的核心。这种方法的运用，在后面会详细谈到。我相信,没有一个父母希望孩子出现不好的状况。但有时候,面对孩子的种种问题,父母会有一种无力感,不知道到底发生了什么事情?也没有办法了解自己的孩子到底怎么了?

系统排列就像是在为一个家族拍 X 光,它可以检查出家族中的状况,看见哪里的位置错乱了、哪里出问题了,以及谁出了状况。透过系统排列,我们可以看到每个人的内在心理。有了这些了解,我们才有机会醒悟并做出适当的改变。

只要我们一个转念,回头看看整个家,就会发现问题的端倪,就会知道孩子的行为、情绪、疾病和人际关系背后隐藏的是什么。如此,我们才能知道如何调整自己,如何支持孩子。

▶ 练习
画出家族系统图

只有特定的人属于我们的系统，成为牵连纠葛力量的人群。他们由血缘关系和非血缘关系组成（见图6）。

血缘关系：自己与孩子、兄弟姐妹、父母、父母的兄弟姐妹、祖父母、外公外婆。有时还会加入一到两位曾祖辈。不管他们是活着还是已经过世，都属于我们的系统，都要在系统里面有自己的位置。

非血缘关系：自己与父母或爷爷奶奶、外公外婆的前任伴侣，因生死事件而产生关联的人，例如车祸、意外、谋杀等事件的相关人；因家族获得不当的利益而产生纠葛的人。

画家族系统图的时候，请尽量去了解：

- 家中是否有人早逝、早夭？
- 年幼时，双亲是否有人过世？
- 家中是否有家人被送走或领养，是否存在私生子？
- 父母是否为彼此的第一任伴侣（是否之前有结婚、订婚，是否还有关系亲密的情人）？
- 是否有过流产、堕胎？
- 是否有家庭秘密（例如成员被排除在外、遗产分配不均、不当得利等）？
- 是否有犯罪事件（例如谋杀、被杀、伤害行为等）？
- 家族中是否有重大疾病、行为障碍或成瘾习惯（如赌瘾、酗酒等）？

- 是否曾有家人发疯、自杀等暴力事件?
- 是否曾有移民?

步骤1：画出血缘关系组成的家族系统的成员，标出每个人的身份和位置。接着，把上述家庭信息写在成员旁边。

步骤2：看着家族系统图，逐一在心里给每人一个位置，并尊重他们，尤其是曾经发生重大特殊事件的家人，他们可能被家族排除或遗忘。做的时候发自内心，用一天一位的方式，缓慢地向他们鞠躬，越慢越好，并且在心中给他们一个位置。

步骤3：在适当的时机向你的家人或长辈询问家族史，得到新的信息后实时添加进来，让这张家族系统图更完整。如果有非血缘关系的家族成员，也一起补充进来，并发自内心地承认他们，尊重他们。

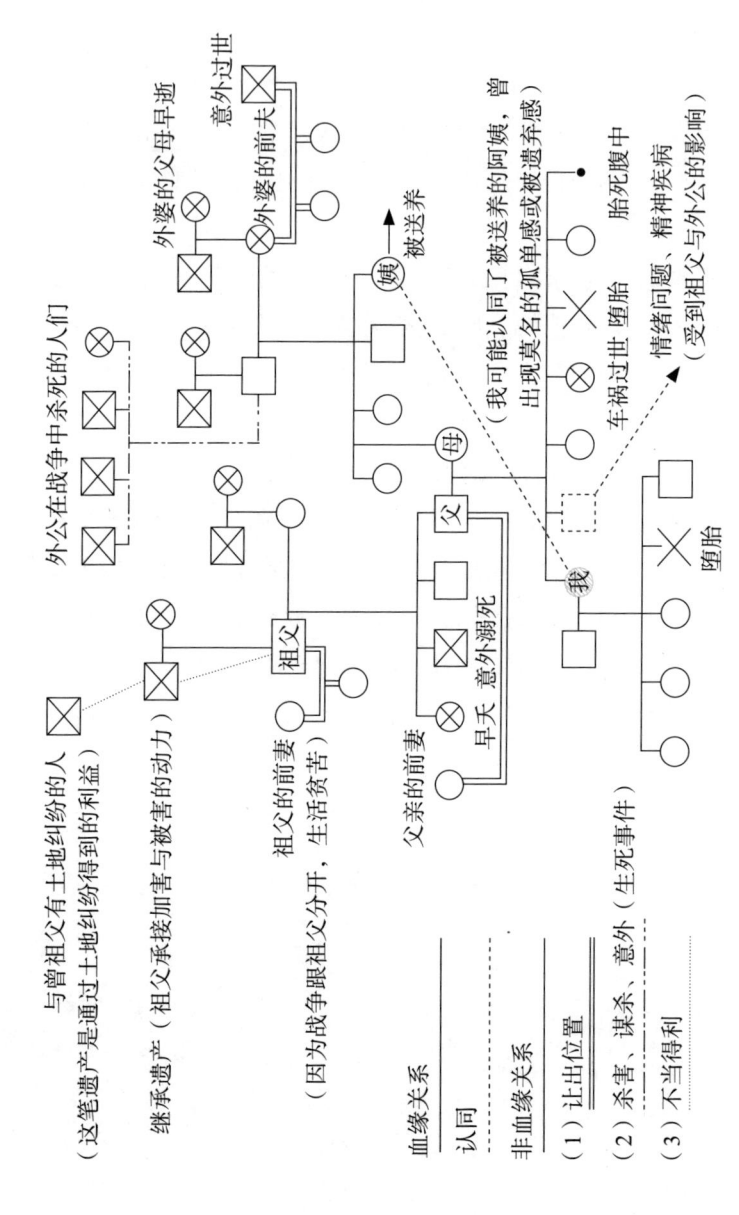

图 6 家族系统图

外公在战争中杀死的人们
与曾祖父有土地纠纷的人
（这笔遗产是通过土地纠纷得到的利益）

继承遗产（祖父承接加害与被害的动力）

（因为战争跟祖父分开，生活贫苦）

祖父的前妻

父亲的前妻

早夭

意外溺死

外婆的父母早逝

外婆的前夫 意外过世

被送养

（我可能认同了被送养的阿姨，曾出现莫名的孤单感或被遗弃感）

胎死腹中

车祸过世 堕胎

情绪问题，精神疾病（受到祖父与外公的影响）

堕胎

血缘关系
认同
非血缘关系
(1) 让出位置
(2) 杀害、谋杀、意外（生死事件）
(3) 不当得利

读懂孩子　　34

第三章

孩子的行为在说什么

"爸妈,我渴望被爱!"
"爸妈,你们的关系失衡了。"
"我们家有人被忽略、被遗忘了。"

面对孩子的问题行为，家长要有所觉知

为了吸引父母的注意力，有些孩子会去做一些可能带来严重后果的事，比如打架、窃盗、暴力、色情等，甚至发生一些意外。而这些行为的背后，隐藏着孩子深层心理不为人知的故事。如果父母把这些行为简单地归类为"问题行为"，把这些孩子粗暴地归类为"不良少年"，那么，除了焦虑、烦躁之外，父母别无他法。

想一想，刚出生的婴儿是那么纯洁无邪，一天一天地，他渐渐长大，最终长成了现在这个样子。父母是孩子的第一任老师，所以，我们要有所觉知，也要有所反省：我们是怎样影响孩子的？我们给了孩子什么样的环境和示范？

孩子的问题行为在说"爸妈，我渴望有个家""我渴望被爱"

我们从前文已经学到，孩子对爱与归属感的需求是他现阶段最大的渴望。若是他无法获得与父母的联结，若是没有一个家让他感受到这份爱与归属，孩子就很容易受周围朋友的影响，通过与朋友做相同的事来获得归属感，但这些事往往就是我们所谓的"问题行为"。

有一个12岁的小孩，专门偷别人的摩托车。问他"为什么偷这些车"，他回答说："好玩。"再问："你知不知道这样做犯法?"他淡淡地答道:"朋友带我去的,我就去了。"透过系统排列,我发现原来他妈妈很早就离开了他。他爸爸很忙,他在家中找不到归属感,所以就从朋友那里得到归属感。要如何从朋友那里得到归属感?就是跟朋友做相同的事,朋友偷车,他就跟着去偷车。在排列中,我帮助他面对妈妈离开的事实,让他在心里重新与妈妈联结,也帮他重新找回和爸爸的联结,找回对家的归属感。很多年过去了,他早已不是那个喜欢偷窃的人了。

家长要有所觉知与反省,当孩子有一些不好的行为时,第一时间就要反观自己。因为,一个乖巧的孩子不会一夜之间变成不良少年。

孩子的失当行为在说"爸妈,你们的关系失衡了""你们还没有真正和解"

在长达 12 年的时间里,每年我都会给少年犯做辅导。那些孩子因为各种各样的犯罪行为被限制了自由,比如暴力、偷窃、伤害、色情等。他们是大众口中名副其实的"不良少年",问题行为一大堆。但是,当我用家族系统排列的方法重新探究这些孩子的行为时,看到了不一样的事实。我发现父母关系失和或父母分离是孩子行为失当的主因。

在为他们做辅导时,我都会在现场问两个问题:"你们爸妈离婚的举手。"80% 的孩子举手了;"举手的别放下。你们爸妈虽然没有离婚,但是关系很不好经常吵架的举手。"剩下 20% 的孩子也举手了。由此可知,夫妻关系失和与夫妻离婚对孩子的影响是非常大的。那么,夫妻关系失和与分离是如何影响孩子的呢?

我用一张图来说明许多孩子与家庭的问题，你很快就能明白。

周鼎文家族动力双三角

在序位法则里面，我们学习到，每个人在家庭里依照长幼顺序都有自己的位置。比如一个三口之家，父母和孩子之间会自然形成一种倒三角的关系：夫妻平等地在上面，孩子在父母之下。父母是长辈，孩子是晚辈（如图7）。

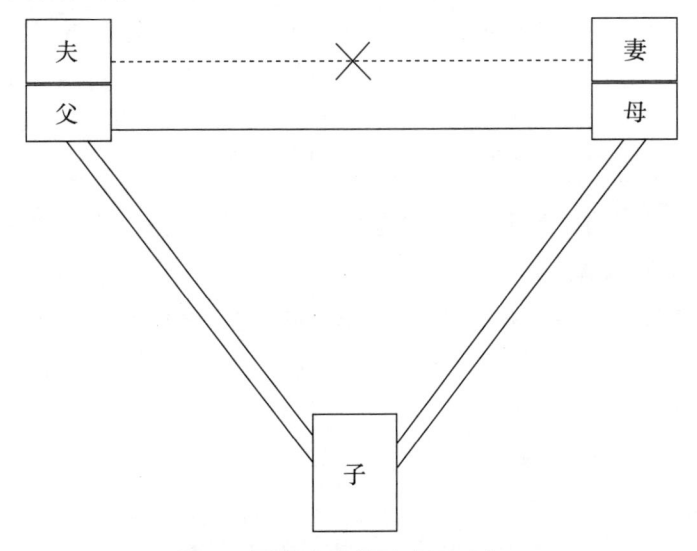

图7　周鼎文家族动力双三角 a

这时候，夫妻之间存在着夫妻关系，父子、母子之间存在着亲子关系。夫妻关系可能会出现问题，严重时二人可能会离婚，此时夫妻关系就结束了。但是，亲子关系是无法结束的。当夫妻之间发生冲突失衡的时候，若彼此不好好面对，通常一方会变成加害者，而另一方则会变成受害者。比如，父亲是加害者的时候,母亲就会成为受害者。此时因为对父母盲目的爱,孩子就会跳出来,想要拯救父母,把自己变成拯救者。而一旦孩子成为拯救者,他的位置就必然会位于父母之上了。

本来,孩子的序位应该在父母的下面,但因为父母的"加害－受害"关系,孩子成了拯救者,这样一来,序位就错了。违背了序位法则,孩子就没办法在自己的位置上正常成长,更没有办法实现自己的人生目标。同时,当这个孩子站在比父母更高的位置,变得比父母更大的时候,他就不知不觉扛起了原本属于父母的责任,包括寻找父母问题的责任。孩子要怎样去拯救父母之间的关系呢?就像前面所说的,他的行为很可能会出现问题,包括他的身心、情绪、人际、学习等各方面都可能出现问题(如图8)。

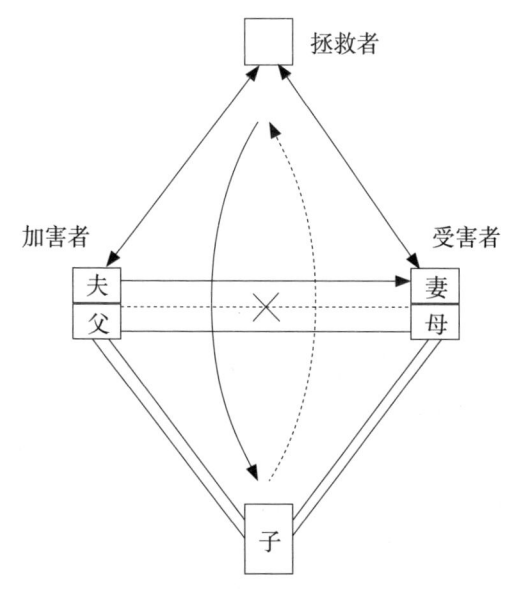

图 8　周鼎文家族动力双三角 b

所以，当孩子卷入父母这种"加害—受害"的关系中时，这个家就会形成一个"加害—受害—拯救"的家族动力三角形。在这个三角形内部，他们三者的角色会相互移动，甚至替换。拯救者当久了可能会变成受害者，受害者也有可能变成了加害者，加害者则可能变成受害者。比如，作为拯救者的孩子，如果拯救不了父母中受害的一方时，他会感觉是父母害了他，他就变成了受害者。那么，原本父母中的受害者就变成了加害者，而加害者因为被攻击也会变成受害者。如此一来，加害者、受害者、拯救者三者形成一个循环，并且将在这个家庭里面持续下去。

孩子身上这种"加害—受害—拯救"的三角形模式会进入他的生活，并吸引身边的人进入这个三角形乃至成为其中的一个角色。比如在家里，他是受害者，生病不快乐，觉得父母害了他，而父母则变成了加害者和拯救者；在学校，他身上"加害—受害—拯救"的三角形可能会让他变成加害者，他可能会搞恶作剧，把坏情绪发泄到同学身上，等等；反之，也有可能使他变成受害者，被别的同学欺负。

长大之后，他也会带着这个模式继续他的人生。比如他组建自己的家庭，在他的婚姻里发生一些事情，令他变成受害者（或加害者），而他的伴侣则变成加害者（或受害者），他们的孩子很有可能会重复他的命运模式，变成拯救者。

所以，当一个孩子进入这样一种"加害—受害—拯救"的模式中，他就失去了自由。不仅他的整个人生会受到影响，甚至还会影响到他的下一代（如图9）。

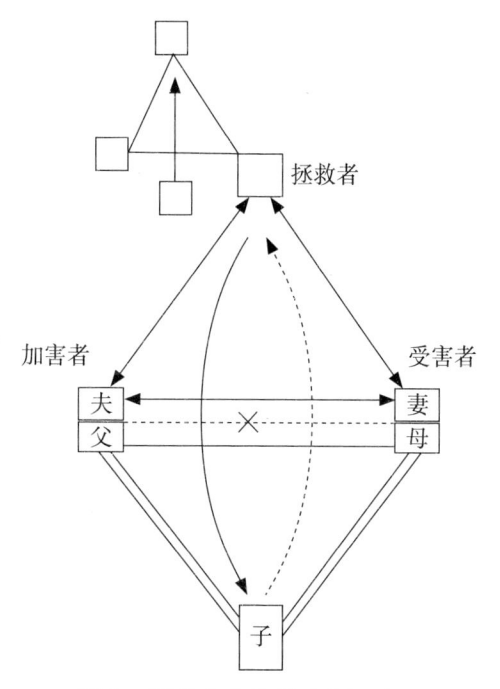

图 9 周鼎文家族动力双三角 c

该怎么办？唯一的办法就是让孩子从拯救者的位置上退回来，从比父母更高的序位上下来，回归属于他自己的序位。这样，他就打破了"加害—受害—拯救"的三角形，回到孩子的位置。

我们前面提到，孩子因个人需求所产生的盲目的爱，会让他在不知不觉中违背系统的序位法则。因此，作为孩子，他必须不断学习，学会将这份爱转化为成熟的爱，并尊重他的父母。

但最关键的还是父母。作为父母，我们必须要自己去面对和另一半的问题，不要在不知不觉中把孩子牵扯进来，让他成为夫妻问题的拯救者。只有父母主动面对自己的问题，孩子才能从拯救者的位置回到自己的序位，如此他才能自由地活出自己的人生。

夫妻关系失衡要如何调整

不管夫妻是失和还是分离，最开始总是从失衡开始的，比如情感上失衡、情绪上失衡、经济上或生活上失衡。

"一阴一阳之谓道"，人要活得自然，阴阳平衡是第一个平衡法则。万事万物都要平衡。我们走路的时候，身体重心在左右脚之间来回移动，是平衡的；春夏秋冬四季轮回，是平衡的。夫妻也一样，阴阳平衡，互相支持，让对方发挥潜能，不断成长，达到更好的状态，这才是一种好的夫妻关系。一旦夫妻关系失衡，两个人就会有越来越多的问题，孩子也会有越来越多的问题。

夫妻间最常见的失衡，是双方互相指责、打压、控制。久而久之，夫妻关系走向冰点，直至关系解体。这样的夫妻要学习的相处之道是保持夫妻间一个流动的平衡，也就是我们前面所说的流动法则与平衡法则。

每个人都需要处于平衡的状态，而世间万物无时无刻不处于变化当中。如何保持这样的平衡？流动的状态是最好的方法。我们的祖先早已知晓这个奥秘，在中国的太极图里就充分表现了这份流动的平衡（如图10）。

对方对你好，你要懂得回报，回报的时候还要"多加一点"。如果对方对你好三分，你回报四分，对方想必特别高兴，会更想对你好。如果夫妻之间不断做这种正向的加法，关系自然会越来越好，这就是正面的流动。而多加的这一点，就是爱。

图 10　阴阳流动平衡的太极图

然而，有的人却不是这样的：你对我好三分，理所当然；你对我好十分，还是理所当然。久而久之，对方的好就越来越少了，因为没有回馈。这就像拍皮球，越用力拍，皮球弹得越高；不用力拍，皮球就会弹得越来越低，最后静止不动。

所以，夫妻关系中，"理所当然"是一个最危险的陷阱。如果你把对方对你的好当成理所当然，那你就永远感受不到对方的好，你们的关系必然会走向终点。人同此心，我们希望对方怎么对待我们，我们就要那样对待对方。

不但正面的要流动，要平衡，负面的也要流动，也要平衡。很多人经常把"夫妻和睦"的观念误解为一方压抑自己去迎合另一方。尤其在很多重男轻女的家庭里，女性会受到更多的束缚和压抑。"你要夫唱妇随，你要忍气吞声，你要家和万事兴"，这些话其实就是让女性压抑自己去迎合男性。但如果一方的内心只有压抑，没有真正的包容，这个家庭是会吸收到这份未被消解的负能量的。

家庭吸收到这份负能量后会出现的情况是，孩子很可能会帮弱势一方去承担，例如孩子想要替妈妈出气，就会出现问题行为。当夫妻认真面对自己的问题，修复双方之间的关系时，孩子的情况也会改善。

在我辅导宜兰地方法院少年犯的课堂里，有一个很高很壮的男孩。小时候，他爸爸管他很严。他小学的时候都很听话，成绩也很好。但到了青春期，他就跟爸爸硬碰硬，最后干脆离家出走，跟一群朋友一起生活。他们有时候为了好玩破坏公共设施，有时候为了义气跟人打架。这次，他就是为朋友出气跟人打架，差点把人打死了。

我给他做家族系统排列时了解到，他的爸爸妈妈结婚后就一起工作，爸爸经营一家卫浴用品店，妈妈帮助爸爸做生意。但爸爸对妈妈的态度很不好，常常责备妈妈，所以妈妈心中一直压抑着很多情绪，但从未表达出来。孩子在成长的过程中，感受到了妈妈的情绪，并且一直想帮助妈妈。于是，等到他长高长壮之后，看到爸爸欺负妈妈就开始跟爸爸吵架，有一次还向爸爸举起了刀。他在家中感受不到归属感，就在外面结交许多"混混"，因为与"混混"们在一起，他可以感受到归属感。

后来，在我的系统排列课堂里，我排列出妈妈、爸爸和孩子的关系状态。让妈妈认识到她用压抑的方式面对夫妻关系，严重影响了孩子的行为，乃至造成这种不幸的后果。当她学会要自己去面对夫妻问题，不再用压抑的方式表达对丈夫的愤怒时，孩子的态度就软化下来了。

可能出现的另外一种情况是，夫妻中压抑的一方，压抑到了某个阶段后就大爆发，做出一些极端的反应。闹离婚事小，有时还可能造成整个家的悲剧。比如经常有一些新闻爆出来，长期压抑的一方杀掉对方，或者带着小孩一起自杀，这些都是长久压抑导致的结果。

所以，夫妻要学会面对彼此间的负面事件，简言之，要学会吵架。真正的原谅与压抑是不同的，夫妻要学会回报负面的对待，表达负面情绪。如何回报负面的对待呢？那就是回报的时候减少一份攻击，带上一份爱。这个减少不仅是数量上的，更是攻击程度上的。如果减少一份攻击，带着一份爱，对方也会逐渐减少自己的攻击，两个人就能越来越平和。这样负面的能量越来越少，正面的能量越来越多，幸福感就出来了。

还有一种夫妻间的失衡，可能很多人会忽视，就是妈妈过于强势，承担了家庭的所有责任，造成夫妻双方在家庭的责任和权利上失衡。都说女子能顶半边天，现在有的妈妈更厉害，能撑起整个家庭的天。

有这样一个案例，一个读中学的男孩，不喜欢读书，就喜欢交一些不好的朋友，父母非常着急。通过和他们接触，我观察到这对父母，男方不管说什么都会看妻子，连回答孩子几岁他也要先看看妻子。在做家族系统排列的时候，他就是一直看着妻子。很明显，在这个家庭中，女方表现了太多阳刚的力量，而丈夫缺乏男性力量。

这个例子的解决之道是：丈夫对妻子说出"对不起，我把我的责任都给了你，我没有站在一个爸爸的位置对待孩子"，妻子则应对丈夫说出"对不起，是我让你变得更懦弱了，我只是他的妈妈，在对待孩子的事上，我会在背后支持你"。之后，他们的孩子也愿意回到他们的身边了。

由此我们可以学习到，对待青春期的孩子，不论是男孩还是女孩，妈妈要多放手，让他们跟爸爸的力量好好联结，这样他们才能顺利成长。

大自然的法则中，男性是阳刚的，女性是阴柔的。一个男人，要学会担当，学会负责任。一个有担当的男人，他的人生就不会出现强势的妻子。当一个男人没有担当时，妻子阳刚的力量就会被唤醒，所以这样的男人通常会吸引强势的女人。

在上面这个案例中，他的妻子其实也会很难过，因为她阴柔的一面没办法发挥。同时，女人要展现自己的柔美，不要控制一切，并不是所有的事都要按照你觉得对的方式来进行，男人喜欢被陪伴、被支持、被友善对待、被照顾。夫妻双方能互相尊重，孩子自然也就会改变。

如果有的夫妻最后仍无法在一起，那么就算分开，心中也要和解。如何和解呢？具体要做到以下三点：

第一，承认。承认彼此曾经的爱，曾经给过对方的好，以及对方曾给过自己的好。不因负面的情绪而否定彼此曾经有过的美好记忆。

第二，负责。对于彼此出错的部分，愿意负起属于自己的责任，也把对方的责任交还给对方。

第三，心中给位置。婚姻的这份联结是生命中不可磨灭的经验，这份联结也让对方成为自己系统中的一分子，要给一个属于他（她）的位置。

做到这三点，才能带着祝福离开对方。通过这样的和解，不仅能让父母心无挂碍地继续向前走，对孩子的人生也是一种祝福和支持。

孩子的问题行为在说"我们家族中还有重大的未尽之事"

生命是流动的,每一代人都应当担负起自己的责任,完成自己的使命,但同时也要从过去学会一些事,否则生命就会回溯,被过去的力量拉扯着,使人无法投入到眼前、当下的生活中。

有一位四十几岁的男性,他平时是一个非常温和的人,但一喝酒就判若两人,爱打人,甚至会拿刀。他和家人都为此深深地担心和恐惧。后来,我追问他的家族史才得知,他的叔叔在四十几岁时醉酒后被人打死,而他的爷爷也在四十几岁的时候意外身亡。在进行家族系统排列的过程中,我了解到这个家族与人有着不义之财的纠葛,因此被一种负向的力量诅咒着。所以,如果这件事情没有被很好地解决,那么这个家族的人就可能会一代代盲目地重复着相似的命运,除非他们去创造机会,完成这个未尽之事。

生命就是这样一代代传承的。只要家族中有未完成之事,一代代的人就会用自己的生命重复演绎这个故事,直到这件事情被看到、被解决。

谁会被选中成为演绎这个故事的主角呢?很多时候是最受大家宠爱的那个孩子。

曾经有一对夫妻因为孩子的问题来到我的工作坊,他们的孩子因为纵火进了拘留所。为他们做家族系统排列的时候,夫妻俩都面对孩子站着,望向孩子,但孩子却背对着他们,似乎在躲避他们——这种情况很多时候是因为堕胎（这个议题后面会重点讲）。我询问这对夫妻，在这个孩子之前，他们有没有过堕胎的孩子。妻子告诉我，他们曾经有过一个胎儿，怀孕五个月的时候，她不小心从楼上滚下来，当时胎儿还会动，但两个月后胎儿不动了，去医院检查后才知道胎儿已经死了。只是这个死胎怎么都没办法生下来，最后医生只能采用剖腹产的方式将其取出来。由此可见，这个胎儿有着多么强的求生意志啊。我在排列中加入了代表这个死胎的人，他们的孩子立刻向这个代表靠近，并依偎在他身旁。

像这种家族中的未尽之事，一般都会成为一个秘密，而且大家对此噤若寒蝉，假装没有发生过。这个秘密将会成为家族当中的一个旧伤，乃至形成一个黑洞，引发很多冲突。而家族系统为了满足系统完整性的需求，孩子就被莫名吸入，去填补那个黑洞。

孩子的失当行为在说"我们家有人被排除了……我们家有人被忽略、被遗忘了"

有些时候，孩子出现了一些不好的行为，确实是因为父母给的爱不够多，爱的方式不够好，所以孩子离家去外面寻找归属感。但有的时候，父母很疼爱的那个小孩，他依然会莫名做出不好的举动，甚至引发很严重的后果。这种时候，原因可能不在父母，而是在祖父辈，甚至曾祖父辈身上；或者是发生在同属一个家族系统的舅舅、叔叔、姑姑等身上。

我遇到过一个孩子，他刚上高中，却爱上了赌博，不专心学习。他的父母想了各种办法都没能让他走上正途。后来我给他们做家族系统排列的时候发现，孩子有一个素未谋面的舅舅，因为滥赌被全家人排斥。孩子在潜意识里重复了这个舅舅的命运。因为这个舅舅没有被家人接受，被这个家排除了，因而在这个系统里形成一个黑洞。如同我们前文所说，家族系统有完整性的需求，它推动孩子填补这个黑洞，进而重复舅舅的行为与命运。

其实，这就是家族系统需求运行的结果，它超越我们理智的范围和道德的角度。它包容每个人，要求家族成员必须把每一位成员都包含进来，不能因他们的不良行为而将其排除。我们要学会给每个家人找属于他们的位置，让每个人都能各归其位。

孩子心中需要爸爸的位置

当需要探索孩子的深层心理动力时，家族系统排列是我最常运用的方法之一。当来访者寻求协助时，我会先请他简单叙述自己的困扰，再决定几位与这个困扰有关的关键角色，接着请助理人员代表这些关键角色。然后，让来访者凭着自己的直觉，将助理人员所代表的几个角色关系排出来。比如，相互之间的远近、面对的方向等。

家族系统排列是类似角色扮演的一种深层意识探索与心理支持方式，它的依据是"信息场域"。我们每个人都身处关系当中，以自己的身体作为信息的接收器与发送器，为系统里的信息所影响，并影响着系统里的其他人。

当代表们站定后，立刻会形成一个"信息场域"。尽管代表们事先对来访者一无所知，对他们所代表的角色同样毫不知情，但由于场域的作用，只要代表们静心专注于自己的感觉，中立地将自己的感受呈现出来，包括身体的、心理的及深层的想法，并以此来移动自己的位置，或做一些动作，关系的深层动力与问题背后的根源便会得以具象化。再经过导师的探索与引导，问题的解决之道也就随之浮现。

下面的个案，是我对宜兰法院少年犯进行的一次辅导案例。

主人公是一个十多岁的少年，名叫阿军。父母离婚后，妈妈独自一人抚养他和弟弟，非常辛苦。

阿军是因为偷窃而被拘留的。参加工作坊的时候，他妈妈也来了。妈妈很迫切地想要做个案排列，但阿军并不太热心，整个过程都面无表情。直到妈妈拿起麦克风，满脸忧愁地开始讲话时，阿军叹了口气，把头偏向了一边。

"我是个单亲妈妈，有两个孩子。阿军他一直不爱学习，但这些我都不要求。对他，我只希望他能乖乖听话就好，不要再进这里了。"妈妈的声音里都是疲惫。

"他看上去是个聪明的孩子。"我说。

妈妈点点头，补充说："阿军很爱运动，都说爱运动的小孩不会变坏，但他……两年前，他下课后开始变得很晚才回家，我不知道他跟朋友在做什么，哪里知道后来就进这里了。"

"我们来做一点支持的工作好吗？"

妈妈再次点头，同时看了孩子一眼。

"他多久跟爸爸见一次？"

"没有。"妈妈摇头回答。

显然，又是一对怨偶。很多夫妻结婚时甜甜蜜蜜，婚后却把家当成了战场。真希望所有的夫妻结婚前都做一下培训，学习婚后如何相处，如何经营婚姻，若到了真正无法再继续的情况，如何好好离婚，以及离婚后如何对待孩子。不然，当至亲的父母成了敌人，孩子该怎么办呢？

我追问道："从来没有联络过？"

妈妈肯定地点点头："是。"

"好，那你当初为何嫁给他爸爸呢？他有没有一些什么优点呢？"我引导她。妈妈耸耸肩。

我继续鼓励："总会有一些优点吧，不然你怎么会嫁给他呢!"

妈妈望向远方,像是望到很多年以前,轻轻说:"他,疼我。"

妈妈把孩子生下来,爸爸把孩子带向这个世界,并让他认识这个世界。孩子出生以后就要学习,而爸爸代表的就是学习的能量。小孩如果厌学,表示这个爸爸没有被承认,没有被认可。当妈妈不去承认爸爸,孩子学习的力量就没有办法联结上,孩子学习的能量就会减弱。现在,我要让孩子重新跟爸爸联结上。我说:"很好,阿军你看哦,爸爸很疼妈妈,这是好的。你可以把这个部分学起来哦!还有呢?"

"工作认真吧……体贴算不算?"妈妈不确定地说。

"工作认真很好,朝这个方向,孩子未来就会认真工作哦;体贴当然也行,待人体贴。我们要让孩子学习父母的优点,这是很重要的开始啊!如果我们希望孩子朝好的方向走,那就要用好的角度来联结,那你怎么叫阿军?"

"哥哥。"妈妈说,"他是家里的老大。"

系统里面,每个成员都按照先来后到的顺序拥有自己的序位。一旦序位错乱,就会出问题。我立刻指出了妈妈的这个错误:"哥哥?叫一个小孩哥哥,那他变成什么了?你变成什么了?位置不对了哦!名字都怎么叫?"

"阿军。"

我温和地看向孩子:"阿军,你很棒,你跟你爸爸一样工作认真,一样体贴别人,照顾家人。是不是,阿军?"

孩子与母亲同时点头。用优点来联结父母亲,那孩子的聪明就能用在更好的地方。

"现在跟爸爸没有联络了吗?也不知道他去了哪里?"我

问道。

妈妈没有回答，只点了点头。我对妈妈说："我们要让阿军知道，虽然爸爸妈妈离婚了，但爸爸还是在你心里。现在我们来了解孩子还有你们的深层心理状况，你来排列三个人的位置吧。"

看得出，妈妈非常关注阿军，也希望阿军和爸爸能有一个好的联结。渐渐地，场中发生了变化，爸爸无力地蹲下了，闪躲着孩子与妈妈，并自顾自地移动着；同时，阿军慢慢来到了妈妈身边，但妈妈却专注地看着爸爸。显然，妈妈一直在关心着爸爸。

我说道："阿军的爸爸有一些自己的状况，他的父亲与祖父呢？"

"他的爷爷在阿军一岁的时候过世，大约八十岁了，是生病走的。他曾祖父是山东人，好像是一个人到台湾，其他的我也不清楚。"

我立刻在场中加入了阿军的爷爷和曾祖父。显然，曾祖父离开了爷爷，父系力量的中断才是问题的源头。根据流动法则，家族中的爸爸们有着一代代的联结。生命是一代代流动下来的，爷爷与曾祖父的联结中断了，而阿军也重复了这样的命运，与自己爸爸的联结中断了。

"记得，没有曾祖父就没有阿军，所以曾祖父要被承认，父系的力量要重新联结。"

在我的引导下，妈妈真诚地说："您是我前夫的爷爷，您的儿子离开了您，没有办法照顾您。不知道您处于一种什么样的状况当中，是饿死了？还是病死的？我们不知道。您的儿子很想念您，他把生命传下来了，生了阿军的爸爸，阿军的爸爸又生了阿军，他是您的曾孙，是你们家族里的男人。"

阿军作为一个男孩子，但跟爸爸这边男性力量的联结是很脆弱的。只有帮他联结上家族当中男性的力量，他才不会再去偷那些对他没有用的东西。因为他所要偷的不是别的，是他爸爸的爱啊！

我示意妈妈要好好跟阿军谈一谈爸爸。她专注地看着儿子，慢慢地，眼眶略红，说："我跟你爸爸离婚了，但你爸爸还是你的爸爸，虽然我们分开了，但他始终是你的爸爸，如果……"妈妈哽咽了起来，一个深呼吸后，继续说道："如果你能跟他一样体贴别人，认真工作，我会很高兴。"

阿军对我耸耸肩，说："突然有一点想朝向爸爸，可是又很想跟妈妈再靠近一点。"

我继续鼓励妈妈："你要清楚地让儿子知道'爸爸妈妈有一些相处上的问题，但我会找到好的方式来处理，你永远都是爸爸的儿子'。"

妈妈有所领悟，当场转向阿军："爸爸妈妈离婚是我们的问题，你永远都是爸爸的儿子。如果你想去找你爸爸，我同意！"

这份同意带来了巨大的转变力量，妈妈牵着阿军的手，一步一步很慢地朝向阿军的爸爸，最后终于和爸爸的手牵在一起了。

从此阿军不用再偷了，因为他已经得到妈妈的同意，他可以正大光明地获得爸爸的爱了。

夫妻分离，父母合一

家长要明白，不管夫妻关系怎么样，不管夫妻要不要离婚、为何离婚，孩子永远是我们的孩子。父子关系、母子关系一旦结成，这辈子永远都不会更改。妈妈还是他的妈妈，爸爸还是他的爸爸，不仅要承认对方的亲子地位，即使分开了也要支持对方成为一个好妈妈或好爸爸。

如何支持对方呢？你可以这样对孩子说："我和你爸爸（妈妈）无法在一起生活，那是我们自己要面对的问题，但是他（她）永远是你爸爸（妈妈），你要爱他（她）。"

如果另一半有较长的时间没有办法看望孩子，这时候你要把对方时常带进孩子的生活，让他（她）好像在孩子身边一样。比如，当孩子学习好，考了好成绩，你可以对孩子说："如果你爸爸（妈妈）看到你学习这么好，他（她）一定很高兴！"又如，孩子运动会玩得很开心，你可以对孩子说："如果你爸爸（妈妈）在这里看到你玩得这么开心，他（她）一定也会跟着开心！"

记住，只要你愿意，透过你，孩子爸爸（妈妈）的爱依然可以流到孩子身上。这样，就算夫妻不在一起，孩子仍然可以健康快乐地长大。这就是"夫妻就算分离，父母仍要合一"的道理。

离婚夫妻如何陪伴孩子成长

不管夫妻双方为何离婚，对孩子来说，妈妈还是他的妈妈，爸爸还是他的爸爸，承认并支持这个位置与态度，将对孩子的成长起关键作用。有的人虽然表面上会让孩子与另一方定期见面，但并没有真正认识到夫妻离婚其实更要加强孩子与爸爸或妈妈的亲子关系。没有积极地强化双方的亲子关系，只是义务性见面，甚至更糟糕的是，一方一直在孩子面前批判另一方，这就让孩子卷进夫妻情感的问题当中。

孩子永远都是双方的孩子，不能因为夫妻关系的变化而引发亲子关系的变化，要一直带着这样的心态来觉察自己的所作所为，这是一个前提。

如果夫妻离婚了，该如何帮助孩子面对、陪伴孩子成长，对于不同年龄的孩子有不同的做法。

对于学龄前的孩子来说，最需要的是父母身体上的接触。

我们都知道，学龄前的孩子身心发育是一体的，所以更多的身体接触会让孩子感受到心理的接近。比如拥抱，这是一种涵容的感觉，让孩子感觉自己被包容、被接受。父母要尽可能地多与孩子进行身体接触，同时，可以告诉孩子："爸爸和妈妈因为相处困难没有办法住在一起，但我们永远是你的父母，永远爱你。"

尤其在抱着孩子的时候，多提对方的好，多提对方的优点。这是我特别研究出的一种深层心理学技巧。这样，孩子在与一方有身体接触的时候，另一方就自然地被带进来，夫妻双方就合一了。

到了小学阶段，孩子会希望自己跟父母相像，他们用这样的方式来与父母联结，并感觉归属于父母。如果这时候双方在孩子面前批判对方，一方面孩子会很矛盾：我如果跟爸爸好像就背叛了妈妈，我如果跟妈妈好像就背叛了爸爸；更严重的是，孩子真的会越来越像那个被批判的爸爸或者妈妈。尤其是那些离婚后半年或一年才见孩子一面的父母，如果孩子接收到的关于父母的信息都是负面的，那么他像父母的方面也会朝着这个方向发展——就像他得到的那些负面信息一样。

所以在向孩子描述他的爸爸或者妈妈时，要带着觉察。我们可以用直接描述的方法，称赞孩子像对方的地方，这样孩子就会非常自然地朝向好的方面归属。

还有一种方式，就是间接联结。让孩子在身边，对第三者称赞孩子与对方像的优点。比如妈妈对自己的朋友说："这个孩子跟他爸爸一样，做事情特别认真。"孩子会竖起耳朵听，并且真的听到心里去。

我们不能一边对孩子说"你好棒，跟你爸爸一样认真负责"，转过头又对别人说"这个孩子跟他爸爸一样做事情颠三倒四"，这时候孩子会感受到之前的话是不真诚的。

离婚的夫妻真的要注意，面对孩子，自己要行使父职母职，而不是处理夫妻关系问题。甚至对方没有办法参与到孩子的教育中时，也要刻意把对方拉进来。

曾经有一位法官朋友对我说，他在判决离婚夫妻的抚养权争夺案件时，会去听双方怎么描述对方。如果在双方条件差不多的情况下，他会把抚养权判给带着尊重和爱来描述对方的人。并且，我们要创造机会让孩子跟对方的家族接触，让孩子联结上对方家族的力量。

祖先就是我们的根。我们每个人就像一颗牙，每颗牙有四个牙根，爷爷奶奶、外公外婆就是我们的根（如图11所示）。

我们要纪念祖先，因为这是一份生命的联结。我们要感谢他们把生命传承下来。如果一个人不纪念自己的父母、不祭拜自己的爷爷奶奶，就会形成一个空缺，变成家族的黑洞，好像上文事例中阿军的爷爷一样。阿军的爷爷离开了家，跟自己的爸爸没有形成好的联结，出现了一个空缺。结果，阿军的爸爸又像爷爷一样，让一代又一代的孩子都同样缺一个爸爸的位置。阿军的父系长辈们被尊重、被纪念后，这个家族才会真正向好的方向发展。

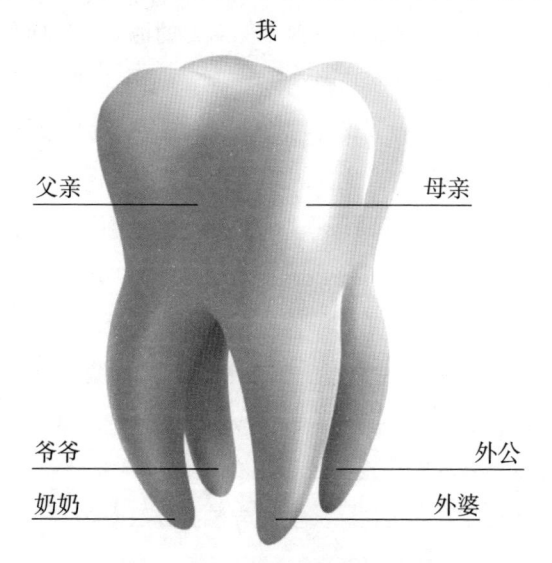

图 11　生命扎根传承示意图

特别话题：隔代教养

出于经济压力，很多年轻父母要工作养家，于是带孩子的事情就落到了老人身上。在这样的现状下，老人和年轻夫妻生活在一起的情况变得非常普遍，两代人之间琐碎的矛盾也特别多，生活中经常会出现许多小摩擦。

带孙辈不是老人的义务，对老人要有感恩心

在我看来，对父母的感恩是化解这一切矛盾的最基础心态。很多年轻父母认为老人为自己带孩子是理所当然，没有感恩的心态，所以稍不如意就指责，要求老人完全按照自己所谓的"科学育儿方式"带孩子，要求老人改变几十年的生活习惯来迁就自己……其实换位想一想，问一下自己：以后是否有勇气放弃自己熟悉的家和松散的晚年生活，到一个相对陌生的环境，帮儿女带孩子呢？长辈把我们养大是他们的责任，但带孙辈不是他们的义务，他们只是在帮忙，我们对此要抱有感恩的心。

对老人有了这份感恩，在跟他们沟通的时候我们的态度就会好一些，口气就会软一些，老人的感受也会好一些，双方的冲突自然会变少一些。

与老人的互动，要尊重家庭序位

在家庭系统中，每个人都有自己的序位。前面讲过，当一个家庭的序位出错时,这个家就会出现各种各样的问题。在家庭成员的互动中,序位同样不能乱。比如平辈间的互动应该平等友善,长辈对晚辈应该慈爱,晚辈对长辈则要尊重。与老人的互动,也要遵守这样的序位原则。

大家一起生活,肯定有很多方面需要沟通。不仅仅在养育孩子方面,每天的衣食住行都需要沟通。当然,老人确实在某些方面需要改进。我非常理解年轻父母想规劝老人采用科学育儿方式的心理,那么,作为子女,我们应该怎么做呢?

很简单,就是站在子女应有的位置上尊重他们,用婉转的方式,用老人能听得进去的方式规劝他们。一次没有效果就抓准时机再试一次,这才是符合家庭系统排列原则的做法。

如果父母有错而不去规劝,一味顺从,那就是愚孝了。所以孔子说:"小杖则受,大杖则走。"意思是当父母轻轻打你的时候就让他们打;但是父母脾气来了,情绪无法控制,用有危险的东西重重打你的时候,你就要赶快逃跑。否则,父母把你打伤就会被冠上不仁不慈之名,让父母的名誉受辱。

那么,具体应该怎么规劝父母呢?《弟子规》里给了我们比较好的方法:"亲有过,谏使更。"父母有过错,我们要规劝他;"怡吾色,柔吾声",劝的时候要和颜悦色,声音柔和;"谏不入",如果规劝听不进去,"悦复谏",那就要接着劝,还不听,可以"号泣随",抱着他痛哭,甚至"挞无怨"。

当我们回到自己的位置上去和父母沟通或规劝父母时,老人是比较容易接受的。有的人习惯用责怪、苛求甚至谩骂的方式跟老人沟通,这样就越位了,变成了子女在管教父母。那时候,不仅我们与父母的沟通会变得不顺畅,还会不自觉地扛起父母身上的某些责任,这会在我们的情绪或者身体上反映出来。我观察过成千上万个家庭，得出一条铁则：要构建幸福的家庭关系，每个人一定要站好自己的位置。

处理两代人之间的矛盾更需要身教

婆媳矛盾是三代同堂的大家庭里经常遇到的矛盾。这里面，丈夫的态度是最重要的。如果丈夫对自己的母亲不尊重，那妻子可能会跟着学，婆媳矛盾就会激烈一些。

妻子离开自己的家庭，来到一个新的家庭，生活习惯上的不同会导致冲突和矛盾出现。这时，丈夫必须是一个很好的调和者。我认为最好的调和方式是他要做示范，示范对自己的母亲应该怎么样、对自己的妻子应该怎么样。还有一个很重要的示范是，丈夫对妻子的父母应该怎么样。如果丈夫对岳父、岳母很好，妻子就会学到，你这样对待我父母，我也要学着用同样的态度去对待你的父母，这是一个正向的示范。如果做得好，妻子会更孝顺公公、婆婆，丈夫也会更爱妻子，对岳父、岳母更好，这样就在家里形成了一个非常好的正向循环。

但很多人却走向负向循环，家里常常闹矛盾，婆媳吵闹不休，子女和父母矛盾重重，这其实给了孩子很不好的示范。试想一下，这种环境下教育出的孩子，未来会用什么样的态度对待你呢？

我们用什么样的态度和自己的父母相处，当父母犯错时我们如何规劝，这些都会被孩子看在眼里，记在心里。父母怎么做，孩子就会怎么做。所以，三代同堂的大家庭中很多问题的处理，并不是单纯地解决隔代育儿的矛盾，更多地需要我们身体力行教育孩子。从这个角度来说，隔代育儿也有它的积极作用，只要年轻父母为孩子做出正确示范，孩子自然能学到更多有效沟通的方式、解决问题的方法，以及孝顺、尊重和爱。

隔代育儿的过程，是全家人在用示范的方式教育孩子的过程，包括我们的父母，更包括我们自己。

内在排列：面对父母冲突或离异

有一种静心的方式，可以在自己心里做，也可以引导孩子做，我称之为"内在排列"。只要我们能专注下来、回归中心，通过想象或引导，就可以建立起这个深刻的身心体验。

当我们得到生命这份礼物时，虽然父母的珍贵馈赠让我们难以回报，但是，如果可以在心中表达对父母的感谢，我们就会感受到自己身处在这个生命之流里，内心有一种完整与平静，同时也能回归到自己的轨道上，明了接下来该怎么做。

此外，这也是我们在内心对亲生父母所做的排列，如果父母争吵、失和或者离婚时，它能帮助我们面对且放下这些不愉快的过去，回到属于自己的序位，也可以帮助孩子回归自己的序位。一旦我们的内在开始这个排列时，外在的世界也会随着内在而改变。

以下的内在排列你可以自己做，也可以播放我所录制的音频给孩子听。我所录制的音频《周鼎文内在排列引导》可以在 TAOS 道石教育网站 www.taos.com.tw 下载，或可以扫描加入"道石系统排列"微信公众号，即可获得。

我邀请大家一起回到自己的位置，把自己凝聚起来，回归中心，想象我们的亲生父母就在面前并看着他们。即使你没见过他们，仍然可以想象有两个人在你面前，因为事实上他们的确存在。

现在，请看着他们，对他们说：

亲爱的爸爸
亲爱的妈妈
谢谢你们把生命传给了我
为了让我得到这个生命
我们都付出了代价
我从别人那里得不到这个生命
只有你们可以给我这个生命
你们给予　我接受
你们是大的　我是小的
在我心里
你们是我最正确的爸爸和妈妈
没有人可以取代你们
亲爱的爸爸妈妈
你们永远是我的爸爸妈妈
这个关系永远不会改变
就算你们分开
就算你们之间有任何变化
我尊重你们之间的决定
我尊重你们互动的方式
但是在我身上
你们永远是结合的
永远不会分开
因为我的生命
就是你们爱的结合的最佳证明

亲爱的爸爸
我爱你　但我也爱妈妈
亲爱的妈妈
我爱你　但我也爱爸爸
我尊重你们面对问题的方式
现在我要回到孩子的位置了
回到属于我的位置
来经历我的生命
我会用你们给我的生命
全心全意地做一些好事
让它发光发热
这便是我报答你们的方式

如果有可能
我也会像你们一样
把生命传下去给我的孩子
像你们对待我一样
如果我没有自己的孩子
我也会善用这个生命
将你们给我的爱
传给更多需要的人

然后，深深地向你的父母鞠躬，越慢越好，越深越好，最好是可以跪下来给他们磕头。这不单是对父母至高的尊重与感谢，也是对父母背后那伟大的生命源头最高的谦卑与敬意。

系统观读懂孩子：常见行为问题

离家出走

离家出走的小孩，有一些是因为在家没有归属感，比如父母的关系不好，或者父母经常不在家，他需要从外面找寻归属感。还有一部分孩子是为了承担父母的一些情绪而离家出走，比如父母中有一方一直有离开家庭的念头，孩子就用自己的离家出走来留住想出走的父母。

厌学

孩子学习的能量来自父亲。所以，当孩子学习不好时，家长需要检视孩子跟父亲的联结。让孩子多跟父亲接触，更认可父亲。

说谎

孩子说谎通常是因为父母关系失衡导致的。当一方强一方弱时，孩子就会寻找弱的一方进行突破，来实现他的目标。如此一来，他对待父母用的就是两个标准，自然就学会了用不同的说辞来叙述同一件事。

偷窃

偷窃是一种隐藏的不劳而获的行为。在它背后有两个常见的原因：

一个是，他想要偷的是爱，但是他得不到这份爱，所以只能通过隐藏的方式，通过不劳而获的方式，来获得某种需求的满足。此外，也可能是为了物质上的满足。

另一个是，他在家庭里面得不到归属感，或归属感没有得到满足，所以他内心是空虚的，必须从别的地方得到归属感。这时候如果他加入了某些团体或交了某些朋友，在这些团体或朋友身上得到某种归属感的满足，若这些朋友偷窃的话，他可能就会跟着这些朋友一起偷窃。在这种情况下，他偷窃并不是要满足生活上或物质上的需求，更多是心理上的——为了可以跟他的这些朋友或者团体保持一致，得到心中渴望的归属感。

沉溺网络

当孩子沉溺于某种事物当中时，通常是为了填补心中的某个空缺，最常见的是缺席的爸爸。另外，家长也可以检视一下家庭的情况，看看是不是有家庭成员没有被看到、没有被承认。比如，堕胎或者夭折的孩子，以及因为某些特殊原因被家族排除在外的某个人等。这个空缺有些孩子会用在线游戏来填补，有些则会用毒品或者酒精来填补，还有一些则是变成"购物狂"，这都是为了填补心灵上的空缺。

攻击性很强

孩子可能承担了父母压抑的愤怒，或家族中压抑的某种情绪。当家族中发生一些内部伤害的事件时，孩子也会有这样的行为冲动。

家有儿女 Q&A

Q: 孩子小的时候因为工作忙，我们把他送到老家让爷爷、奶奶帮忙带。他现在 6 岁了，我们把他接回来上学。可是孩子一点儿也不听话，跟我们也不亲。怎么办？

A: 孩子如果小的时候（比如 8～10 岁之前），跟父母有一段长时间的分离，父母就要让孩子跟自己重新建立起联结。怎么建立？多跟他进行身体接触，比如拥抱。有些孩子特别好动，你可以跟他说："来，我们做一个游戏，现在我把你抱住，看你多久可以挣脱。"然后抱住他。或者和孩子坐在一起的时候，对他说："孩子，以前没有机会好好抱你，现在我要抓紧机会好好抱抱你。"然后勾着孩子的手，抱着孩子的肩，或者就是单纯地握着他的手，都可以。只要是有身体的接触，联结就会建立起来。

刚出生的小婴儿哇哇大哭，但父母一抱他，他就不哭了，这是因为他感受到了身体的接触。有了身体的接触，我们身体的生物能量才会开始交流。

Q: 我是全职妈妈，丈夫一年有大半时间都在出差，以前孩子小还好，但现在孩子上中学了，我发现他变得非常内向，甚至会被同学欺负。是不是因为爸爸没有陪在身边的原因？我应该怎么做呢？

A：跟爸爸有更多的联结，对每一个孩子来说都很重要。孩子不仅要跟妈妈有所联结，还要跟爸爸有所联结。孩子到了青春期的时候，爸爸的影响就变得更重要了，尤其是男孩子，因为他要跟爸爸学习怎么成为一个男人。所以到了青春期，应该多让爸爸跟孩子互动。就算时间不是很长，也要保证在一起时互动的质量。多让孩子单独跟爸爸相处，让孩子从爸爸身上学习怎样成为一个男人。如果爸爸因为工作或者其他原因没有办法陪在孩子身边，妈妈就要帮助孩子跟爸爸建立联结。怎么做？妈妈可以常常夸奖孩子像爸爸的地方，就像在孩子成长的这段过程中，爸爸一直都在身边一样。比如妈妈看见孩子很认真学习的时候，就可以夸奖孩子，对孩子说："孩子，你真棒，跟你爸爸一样，做事都很认真！"这个时候孩子就会感受到跟爸爸的联结。通过这种方式，就可以把爸爸带进来。又如，孩子跟同学一起做了有意义的事，可能是学校的运动比赛，妈妈参加了而爸爸没能参加。这个时候虽然爸爸人不在身边，但妈妈也可以把爸爸"带"到孩子身边。妈妈可以对孩子说："孩子，我相信，爸爸如果看到了，他一定会以你为荣。"或者说："爸爸如果看到了，他一定会很高兴。"

如果你的孩子很内向，那你就要对孩子说："孩子，我看到你很棒，你跟你爸爸一样，都有一些好朋友，都懂得很友善地跟人交际。"每当看到他跟其他的孩子，或者跟身边的人,在人际交往上有一点点进步的时候,你都可以这样夸奖他。慢慢地,孩子就会加强跟爸爸的联结,而且能鼓励他学习爸爸的优点。这就好像在他的心里面种下了一颗种子,他会朝爸爸的优势方向成长。一段时间之后,你会发现,这个孩子的内在变得越来越有力量,因为他跟爸爸、妈妈都有了联结。这就像一个人双脚健全了,自然就有力量站在大地上。

另外,除了上述与父亲联结的方法之外,也可以让孩子多和叔叔、伯伯、舅舅等家中的男性长辈联结;或是让孩子多跟男性老师接触,这样也有助于孩子的成长。

Q:我家老大5岁,老二3岁。从老二出生后,老大就不太正常,经常会模仿老二的一些行为。最近更是变本加厉,话也不能好好说了,还咬衣角,这个动作连3岁的老二都不做了。

A:孩子都会想要得到父母的关注。当老二出生之后,父母可能会把更多的注意力放在老二身上。老大会误以为老二是因为做了那些动作,才引起爸爸、妈妈的关注,这个时候,老大当然就会模仿老二的行为,这只是为了能获得父母的关注。

父母知道老大心中被爱、被关注的需求后,就要引导孩子回归到他的序位。一个家里长幼序位的力量,是更大的力量。所以,要让孩子回归他们的序位。

具体的做法是,当你看到老大做一些照顾老二的行为时,就特别地鼓励他(她),让他(她)明白,当他(她)

回归到他（她）是哥哥（姐姐）的序位时，爸爸妈妈会给他（她）更多的关注。这样他（她）就会知道：原来他（她）当哥哥（姐姐）照顾弟弟（妹妹）的时候，反而会得到更多的关注，因此他（她）就会学到，原来他（她）的序位是老大，久而久之，自然就会改掉那些模仿老二的行为。

Q：我妻子工作很出色，所以家里一般都是她说了算，基本上属于她说什么是什么的状态。现在出现一个问题是，孩子变得阳奉阴违，对我跟对他妈完全两个态度，这太让人生气了。

A：孩子之所以会有两个标准或两种态度，关键还是在父母本身。父母有时候会有性格上的强弱之分，或者能力上的强弱之别，或是为这个家承担责任的大小，这个是很常见的。但是重点在于，父母是否能够成为一体，丈夫是否尊重妻子，妻子是否尊重丈夫。

如果丈夫不尊重妻子，或妻子不尊重丈夫，那孩子肯定就会用不同的标准来对待父母。所以在这种情况下，孩子对父母有不同的互动方式，也是很正常的。但如果对待父母的态度差异太大，的确会给孩子造成一些问题。

所以，重点还是夫妻两个人之间的关系，要成为一体，也就是丈夫要尊重妻子，妻子要尊重丈夫。在孩子面前，要让孩子知道，父母是一体的，两个人说的都算。你们要让孩子知道，即使他面对的是一个人（父亲或母亲），其实也是在面对父母双方。

当孩子看到你们是一体的，他自然就会用一致的标准去执行和遵守与父母两个人共同达成的协议，因为这个时候你们是站在一起的。那他也就能够变成一个"一致"的孩子。

所以解决这个问题的根本办法，还是丈夫跟妻子要彼此尊重，尤其在对孩子的管教部分，要彼此协调。同时要注意，虽然双方彼此有分工，但在生活上要平衡。这样的平衡，会让丈夫或者妻子在这个家的位置站得更稳。当某一方比另一方付出得多很多时，两方的关系就会失衡。或者某一方的需求被压抑时，两方的关系也会失衡。而这些情况都是会影响到孩子的。想要孩子好，不管父亲还是母亲，都要跟家族，跟自己父母的力量联结，找回身为父亲或母亲的力量。

同时，作为父亲，要把力量展现出来，有时候你要扮黑脸，这也许会比较严肃，但这是为人父的责任，要有担当，因为你是父亲。孩子青春期需要男人的力量，当父亲的力量没有出现时，孩子就会去其他地方寻找，一般会从其他团体里找寻"父亲"的力量，也有可能从朋友甚至是一些不适宜的人物角色身上去找寻。所以，家长一定要注意。

Q：我跟我丈夫是重组家庭，他和我都带了跟前任的孩子，就是像电视剧《家有儿女》那样的家庭。但我们家可不像电视剧里演得那么和睦，我们现在为了孩子每天吵架，生活变得乱七八糟，我都想离婚了。我的家庭还有挽救的可能吗？

A：首先，重组家庭最关键的一点在于，继父、继母千万不要想取代孩子的亲生父母。因为你想要取代孩子亲生父母的心态一旦出现，孩子就会有一种本能反应——如果他接受你对他的好，他就会觉得他在背叛他的亲生父亲或母亲。所以，如果想要在重组的家庭跟孩子们有好的互动，最重要的就是常常在孩子面前提及他的亲生父母，并且是用尊重的方式、感谢的方式。这个时候，孩子会感受到你对他生命源头的尊重，孩子的内在就会很稳定，他跟你的关系也会有所改变。

其次，重组家庭千万不要让孩子称呼后来的妻子或丈夫为妈妈或爸爸。因为每个人的爸爸或妈妈只有一个，就是亲生的爸爸或妈妈。现任的妻子或丈夫，孩子们叫叔叔或阿姨就可以了，这是对孩子亲生父母的一份尊重。让孩子改口称呼继父继母为爸爸妈妈这样的事情，通常会发生在孩子比较小的时候。

再次，要让孩子很清楚地知道，我（继父或继母）是因为跟你的母亲（或父亲）相爱而组成这个家，但是我不能取代你的亲生父亲或者亲生母亲，我只是帮他（她）照顾你，如果你要找你的亲生父母，我会很高兴。如此一来，孩子就会知道，他跟亲生父母的联结没有被中断，他也不会觉得，接受你的照顾是一种背叛。因为你只是他的叔叔或阿姨，只是母亲或父亲新的爱人。

同时，要让孩子保留一个跟他亲生父母联结的方式，这一点也很重要。可以是每隔一段时间的见面，也可以是特意保留一些他亲生父母的物品。这些都是为了让他在新的家庭里面，跟他的亲生父母有一份归属感的联结。

有的孩子，可能有一些习惯是跟他亲生父母在过去的生活当中共同拥有的。当这个习惯不会对现在的家庭造成太大影响的时候，不妨让孩子仍然保持它，这也是让他跟亲生父母联结的一种方式。有了这些联结，孩子在新的家庭里才会觉得很安稳。

最后，在新的家庭里面，你要鼓励另一半用心去爱他（她）之前的孩子。当你的另一半在爱他（她）的孩子的时候，你要特别表达出一份赞赏，这样你的另一半也会感觉自在，因为他（她）对他（她）孩子好的时候，你是高兴的，他（她）就会认为，这个家里是自在和谐、没有冲突的。

如果他（她）对他（她）自己孩子好的时候，你的感觉是不好的，甚至把他（她）对自己的孩子与他（她）对你的孩子，或者你们一起生的孩子做比较，你的另一半就会感觉非常不自在。而赞赏他（她）对自己孩子的好，可以让另一半感觉到，这个家真的是一个家。他（她）会更加爱你和你的孩子，以及你们共同的孩子。

离婚不是关系问题的根本解决之道，因为离婚之后，你还是会带着你的孩子走进新的婚姻。到时候你会面临相同的问题。爱的方式，应该让每一个人各归其位，包括前夫前妻——孩子的亲生父母。当每一个人都各归其位，并尊重这个序位时，这个家就能够朝着好的方向发展。我建议你做一个家族系统排列，来说服每个人各归其位。

Q：丈夫与前妻的孩子跟我们一起生活。现在孩子越来越大，跟我的关系越来越紧张，我该怎么办？

A：你丈夫先离婚，然后跟你结婚，而他跟前妻的孩子与你一起生活，这种情况下，孩子是很痛苦的。因为他会承担他母亲对你的恨、对你的愤怒。当初你们能结婚，是因为他的母亲跟父亲离了婚，所以你的婚姻是建立在他们离婚的基础上。特别是因为外遇而建立的婚姻，这时候孩子恨父母是正常的，因为是继父或继母让他的父亲和母亲分开。这件事情的解决之道就是面对事实。

如果你丈夫的前妻因为离婚而产生的恨还没消解，那作为大人的你，就要去向他前妻道歉，包括你的丈夫，也要跟他的前妻道歉，以求和解。只要前任还带着愤怒，不只他们的孩子会承接对你的愤怒，甚至你们自己的孩子——如果你们有自己的孩子的话，也可能因此付出代价，因为他们的出生，是基于前任伴侣的离开，是基于前任伴侣的损失。所以解决之道，就是大人负起大人的责任，面对事实，该道歉的必须诚心道歉，该和解的必须尽力和解。

同时，你要保证孩子跟他的亲生母亲随时都可以碰面。最好能多提他跟他亲生母亲相像的地方及他亲生母亲好的地方。当孩子的亲生母亲与你们和解并且被承认、被肯定的时候，孩子也可以更自由，可以明白父母的分开不关别人的事，才可以更自由地回到自己的位置上。

在你们和解之后，孩子的亲生母亲为了孩子好，甚至会鼓励孩子尊重新家庭当中的每个人——他的父亲还有父亲的爱人。这样，每个人都能各归其位，过去的事情也可以在一个更高的层面上重新和解。

Q：孩子上幼儿园的时候，他妈妈出国了，没多久就跟我离婚了。我工作也忙，以前是他姑姑照顾他，上初中后我就自己带了。但最近老师反映，孩子老跟社会上的小混混们在一起，这真是让我头疼到不行。

A：因为爸爸老不回家，孩子自然也不想回家，试想，一个没有父母的家还是家吗？这时候，孩子就会自己创造一个"家"，所以他的朋友就变得很重要，他需要朋友。这时家长要做的就是支持他去交好的朋友，但对他原来的朋友，我们也不要去否定。我们只需要让孩子有更多的朋友、更多的选择。

同时，努力让孩子跟他的妈妈建立联结。青春期之前，孩子大都跟妈妈关系较亲密，但是这个孩子从幼儿园开始，妈妈就不在身边了，这个时候如果他能看到妈妈，那么对那些朋友的需求就会降低；反之，没有妈妈，他就需要朋友陪伴。这些朋友是暂时给他温暖和归属的对象，他真正需要的是妈妈的爱和关怀。如果一段时间之后他想通了，不再跟小混混们在一起，那当然最好了；如果他没有想通，越来越喜欢和小混混们在一起，甚至做一些伤害自己或别人的事，那就很糟糕了。

所以，这位家长要做的：一是试着让孩子多跟妈妈联络，二是让孩子多交一些好学上进的朋友。

Q：我儿子 8 岁的时候，我跟他爸爸离婚了。他爸爸有了新的家庭，而我则一直一个人带他，他爸很少管他。他以前很听话的，但进入青春期后就变了，令我特别烦恼，我一说话他就说我"唠叨"。我说什么他都不听，还学会了抽烟、喝酒。

A：孩子进入青春期就说明他要长大成人了，他得开始学会负责，要像个大人。所以这时候他需要学习怎样成为一个男人，他需要爸爸的力量。当然，妈妈的爱也很重要，但现在的他需要爸爸的力量更多一些。

你和你的前夫做不成夫妻，但还有一个关系联结在一起，那就是与孩子的亲子关系。因为孩子，你们要做好一对父母。爸爸妈妈得为共同的孩子讨论，讨论"我们的孩子怎么样了"。所以，应该和孩子的爸爸一起讨论孩子的教育，让孩子多和爸爸在一起。而且我建议你进入家族系统排列课程好好学习学习，让自己去成长、改变，才能更有力量面对这一切。

▶ 练习 1
称赞孩子像对方的优点

家长们要知道,每个孩子心中都需要与爸爸妈妈有一份归属的联结。当我们希望孩子不要跟随爸爸或妈妈的某一些负面状况时,请不要一直否认爸爸或妈妈,这会造成反效果,把孩子直接推向重复对方负面行为的道路上,我在地方法院就见过很多这样的非法少年的例子。

当然,我们不需要去认同对方的这些负面行为,我们需要认同的是他们的身份。如果你跟孩子说"你爸爸是不负责任的爸爸",那孩子就会透过这个信息去联结他的父亲,最终成为一个不负责任的人。所以,我们要多找一些爸爸、妈妈的优点、好的行为。唯有如此,孩子才会跟爸爸、妈妈有好的联结,孩子才能朝好的方向前进。

请写下孩子像丈夫或妻子的三个优点。不要说对方没有任何优点,否则你们不可能成为夫妻。

1. _____
2. _____
3. _____

套入下面的句式,练习一下:

"(孩子的名字),你好棒,你跟爸爸/妈妈一样(优点)!"

比如说,孩子爸爸的优点是:工作认真,待人体贴。你就要对孩子说:

"(孩子的名字),你好棒,你跟爸爸一样,做事很认真哦!"

"(孩子的名字),你好棒,你跟爸爸一样,对人很体贴哦!"

在日常生活中，当孩子表现出上述优点时，运用上述句式多夸奖孩子。我确信，持续一段时间后，孩子必将会朝我们夸奖的方向发展！

▶ 练习2
如何帮孩子修正行为

步骤1：让孩子说出他的感受。

步骤2：说说你自己的想法。

步骤3：和孩子一起想办法，集思广益，把所有的方法写下来，但不做任何评价。

步骤4：重新看一下你们所写的内容中，哪些意见是你们都同意的，并一起商讨如何付诸行动。

下面的漫画展示了一个修正孩子行为的完整过程。

帮孩子修正行为 1

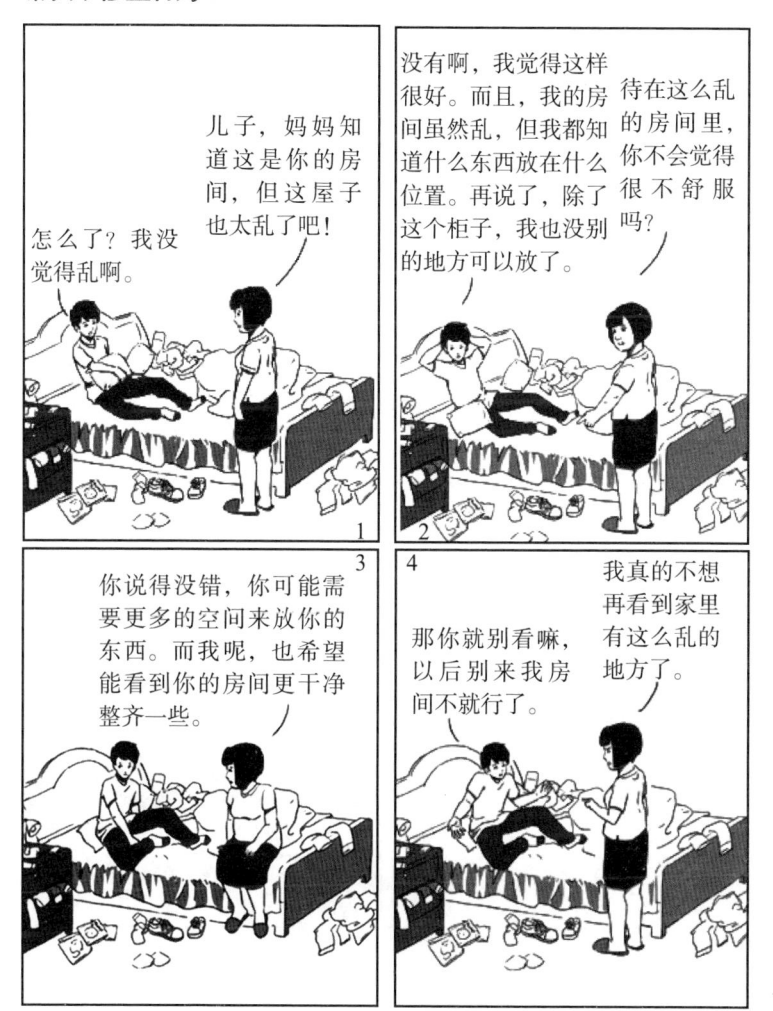

1. 怎么了？我没觉得乱啊。
   儿子，妈妈知道这是你的房间，但这屋子也太乱了吧！

2. 没有啊，我觉得这样很好。而且，我的房间虽然乱，但我都知道什么东西放在什么位置。再说了，除了这个柜子，我也没别的地方可以放了。
   待在这么乱的房间里，你不会觉得很不舒服吗？

3. 你说得没错，你可能需要更多的空间来放你的东西。而我呢，也希望能看到你的房间更干净整齐一些。

4. 那你就别看嘛，以后别来我房间不就行了。
   我真的不想再看到家里有这么乱的地方了。

帮孩子修正行为 2

5. 我怎么可能不进你的房间呢?

6. 有了!这样吧,我们把各自的想法写下来,待会互相交换。
好吧……

7. 1. 添置一个新柜子给我放东西。
2. 买一个小书架给我放书。
3. 把不穿的衣服和不用的东西整理出来,送人或者扔掉。

8. 嗯,你不穿的衣服可以送到楼下的旧衣回收站。那些不用的东西,我们也可以捐出去或者送人。柜子可以买。不过,书架我认为买二手的就可以了,你觉得呢?
太好了,没问题!

第四章

孩子的情绪在说什么

"我跟随你……我为你分担。"
"我们家族有着未被疗愈的创伤。"

孩子情绪问题里有多少承担

近几年我遇到越来越多有情绪问题的孩子,而且越来越低龄化。调查数据显示,学龄前儿童以焦虑、恐惧、抑郁为主要情绪问题的发生率已经达到了 17.66%,而青春期的孩子,这个数字更高。

为什么孩子有这么多的情绪问题?很多人给过答案:学习压力大、父母管教严格……但更多时候,孩子的情绪出问题跟对家庭的爱有关。当然,承认真正的答案需要巨大的勇气,就像《皇帝的新装》中,那个勇敢地说出国王没有穿衣服的孩子。

四种情绪

情绪有几种类别:本能情绪、替代情绪、承接的情绪及超越的情绪。

本能情绪又叫原始情绪,是一种直接的情绪表达,高兴的时候笑,难过的时候哭,生气时表达愤怒,事情一过情绪立刻消失。婴儿期小孩的情绪表达就是这样的,最直接。

替代情绪指的是一种派生的情绪。比如我们常说的恼羞成怒便是这一类,原本的情绪是害羞,但用生气来替代。又比如家人过世都会有悲伤或无力感,但有的人会用愤怒或者疏离来替代。替代情绪主要是在逃避或掩盖原始情绪的表达,所以它的特征是夸大,甚至有人会闭上眼睛歇斯底里地发泄,为的是引人注意并且逃避面对原始情绪。有的孩子会有这种情况，这时候家长不要深陷其中，被孩子的情绪控制，而是要把孩子从这种情绪里引导出来。

承接的情绪是心理学上的大发现，它是一种比较难觉察到却会带给我们很大影响的情绪，尤其是孩子莫名的情绪，很多都是承接而来的。在系统排列中，常见的承接情绪有三种：

第一种是孩子承接爸爸妈妈的情绪。比如爸爸或者妈妈压抑心中的愤怒，孩子也会感受到并承接它；如果爸爸或妈妈想要离开家，孩子心中也会产生想要离开家的冲动；如果爸爸或妈妈在潜意识中有想以死的方式离开的念头，孩子承接的情绪就会变成"爸爸（妈妈），我会跟着你一起死"，甚至是"爸爸（妈妈），我会替你去死"。有的人年轻时为了生活背井离乡，但心中充满了对故土的怀念，缺乏归属感，他们的后代子孙也会莫名地对归属感有非常强烈的渴望。

第二种是孩子承接某些亲人的情绪。有些亲人，我们甚至素未谋面，但依然能感受到他们的情绪，并承接他们的情绪。比如我们会承接被堕胎的或早夭的兄弟姐妹的孤独感，或承接被家族排除在外的成员的情绪。

第三种是孩子承接家族系统里没有表达的情绪。当一个家族经历了某些重大事件，这种巨大的冲击会对家族成员造成巨大的不安。如果发生事件的那一代没有和解，这些情绪就会被后代承接。例如家族中有人自杀或被杀，家族成员没有消化惊恐、悲伤等情绪，若孩子承接这些情绪，便会在生活中产生莫名的惊恐、悲伤或愤怒。我在系统排列中经常碰到这种情况，某个家族好几代人都有情绪问题，或者好几代人都有意外死亡的事情发生，或者好几代人都出现离婚或手足间失和的事。如果是这种情况，通常就是整个家族的人共同承接了类似的集体情绪。有时候，这种情绪不仅来自家族，还会扩大到社会国家的系统脉络里。在我的工作坊，我经常会看到一个人承接了家族，甚至国家、民族历史事件所造成的情绪，而最常见到的情绪就是悲伤、愤怒与恐惧。

承接的情绪是在集体潜意识的层面，当它发生时，往往连当事人都觉得莫名其妙，身边的人更是感觉诧异，为什么他会有这些反应？系统排列能让我们更清楚地看见它，了解与面对它，学会放下与转化。

超越的情绪是助人工作者们需要拥有的，是所有需要专注、冷静地处理事情的人需要拥有的。它是超然的，超越所有情绪之上，因此也可以说是一种没有情绪的情绪。这不是抽离，处于这种情绪当中，我们仍然会感受到原始情绪的本能。它是让我们只专注于当下，回归系统里自己的位置，以一种深层的、沉静的、觉醒的态度，观照所有发生的事情，并采取行动来支持需要帮忙的人，支持那些受困于替代情绪、承接情绪的人。这是一种没有同情的爱，甚至看起来是一种冷酷的超越之爱，从这样的爱中生出的行动更强劲有力。所有从事助人工作的人，都需要拥有这种超越的情绪。

孩子的情绪在说"我跟随你……我为你分担"

如果家长留心就会发现，每当家中发生大冲突的时候，孩子也会出一些状况，比如生病，在学校里跟老师、同学发生冲突，或者情绪不好、特别消沉。而在家庭气氛融洽的那段时间，孩子的身体、学习情况都会比较良好。可见，孩子对环境是非常敏感的。这是因为孩子的情绪是从系统内部承接过来的，是对父母情绪的承接，而且是最直接、最强烈的。所以，父母越放松，孩子越开朗；反之，家中氛围沉闷，比如父母在冷战，孩子也一样会变得心事重重。

有一个案例，一个19岁的男孩一直不接受自己的体型和外貌，觉得自己太胖（62.5kg），而且不够高（172cm），所以天天节食减肥，他的父母为此忧心忡忡。通常来说，孩子不接受自己，可能是因为父母离婚。他会认为是自己不够完美，不够可爱，做得不够好，所以爸爸妈妈才会分开，会无意识地背负起爸爸妈妈离婚的责任。但是这个孩子的父母很恩爱，那么只有一种可能，就是这个孩子承接了父母双方或其中某一方的情绪。我询问爸爸妈妈后发现，妈妈从小是被领养的，她被亲生父母遗弃了。被遗弃的孩子会有这样的想法："会不会因为我太丑了？会不会因为我太傻了？是不是我太胖了？是不是我做得不够好，你们才不要我，你们才把我送走？"这个孩子正是承接了妈妈对自己的不认可，所以才会觉得自己不够高，才会觉得自己太胖。只有妈妈在内心跟自己的亲生父母和解，孩子才会好转。后来，在我的引导之下，妈妈红着眼圈对自己的妈妈说出"我爱你，妈妈，你给了我最珍贵的生命，我不再怨你了，你是我最正确的妈妈"时，孩子明显挺直了自己的胸膛。更重要的是，他开始接受自己，也愿意学习了。

除了分担，有时候孩子还会用"跟随"的方式来表达对爸爸妈妈、对这个家的爱和忠诚。

有一个叫玲的女孩，年纪很大了，但完全没办法跟异性发展好的亲密关系。爸爸得了糖尿病，可是他还是一天三顿酒，玲和姐姐虽然非常担心，但不管怎么劝、怎么求都没用。姐姐也离婚了，她觉得生活特别无趣。透过系统排列，我们看到的真相是，爸爸一直在朝向早逝的爷爷的方向，朝向死亡的方向走——爸爸在慢性自杀，所以有慢性病还不断喝酒。玲不能有男朋友，姐姐也离婚了，因为爸爸在走向死亡，作为女儿怎么还可以有自己的婚姻与幸福？可见，她和姐姐都是在用自己的不幸来阻止爸爸走向死亡。

每个人，不论年龄多大，都会对家族、对父母、对亲人有一种盲目的忠诚，就像玲的父亲，虽然两个女儿都已经成年，但他依然想跟随自己死去的父亲。孩子们天真地以为，只要让自己的命运跟父母的相同，就可以维系与父母间的联结，于是盲目地牺牲自己的健康、幸福，甚至生命，以此来表达对父母的忠诚。这样的爱显然是盲目的、不成熟的。

孩子的莫名情绪在说"我们的家族有着未被疗愈的创伤"

在经历、目睹或遭遇一些灾难或者意外后，有的人在事件结束后的一段时间内就恢复了，但有的人，事情过去很久了，还是感觉惊慌、害怕，甚至会因此影响到自己的日常生活。心理学称这类症状为"创伤后应激障碍"（PTSD）。

家族创伤同样会带来创伤后的压力。家族中如果经历了某些创伤，比如亲人突然离别、家人发生意外，或某人因为疾病突然死亡，这种事件对整个家族来说都是一种惊吓。因为太过突然，令人不知所措，所以无法面对。这个时候，家族的生命力会因此部分冻结，对发生意外的这个人的爱也会被暂时冻结。如果我们把一部分的生命力停留在某件事情上，我们就无法用全部的生命力活在当下。这时候，我们就会无意识地产生莫名的情绪，或者发生意外、疾病，甚至无意识地走向死亡。

如果亲身经历这种事件的这一代成员没有正确面对这件事，这种压抑的情绪就会转变为家族里隐藏的内在能量，对后代成员产生持续的影响，甚至影响到第三代、第四代，尤其是孩子。

有一位女士说她女儿才十来岁就失眠。我们一起探讨这背后的深层系统动力，发现这位女士的父亲曾经在晚上突然被抓走，关了许多年。之后，整个家都陷入极度的恐慌，尤其是到了晚上，更需要保持一份警觉，害怕这种事再度发生。由于这种巨大的恐慌情绪困在家族里未曾疏解，所以直到下一代还是被家族成员分担着。现场，我们让这位女士重新面对这个家族创伤，深深地表达着家族中未尽的恐慌情绪。隔天，她告诉我，她女儿当晚就能放松睡觉了。

每个人都与自己的家族系统紧密相连，并都在系统中拥有属于自己的序位。越早进入系统的人，层级越高，力量越强大，对系统的依赖越小；越晚进入系统的人，比如孩子，层级越低，力量越弱小，得到的照顾越多，对系统的依赖也越大。一旦家族创伤发生，往往家族中的孩子会心甘情愿地为父母和长辈们奉献自己。他们会毫不迟疑地用自己的健康、幸福，甚至生命来修补前人留下的未尽之事，这其中就包括没有被疏解的情绪。因此，他们虽然没有直接经历当时的事件，但他们会产生与创伤者相同的情绪或行为。

曾经有一个妈妈，带着她患有抑郁症的女儿来到我的工作坊。我们一起探索这个家深层的集体情绪，让我看到了这个家族当中没有表达的悲伤是如何一代代传递到女儿身上的。在排列现场，我看到，妈妈很小就失去了自己的父亲，结婚后生下女儿不久，又失去了丈夫，于是女儿承接了两代人的悲伤，怎么可能不抑郁呢？

家族里深层的情绪问题，如果上一代未能解决，下一代就会承接下来。如果下一代的成员同样没有正向面对，这种情绪就会代代相传，承接到孙子辈的孩子身上。

爱需要成熟，也需要勇气
面对家族中的创伤，面对家族中没有表达的情绪，我们要用爱来疗愈。但爱需要成熟，也需要勇气。

有一个女孩，她到处流浪，在英国待几年、在新西兰待几年，但是无论到哪里，她都没有办法下定决心定居。后来我们才知道，她的这种漂泊感来自她的妈妈。她妈妈很小的时候母亲就去世了，父亲再婚后又很快离婚。所以，她妈妈从小就在各个亲戚家里流转着长大，心中一直带着离家漂泊的悲伤。这个女孩承接了妈妈的悲伤，所以流浪到世界各地寻找归属感。

在孩子的潜意识中，如果父母不幸福而自己幸福，他会觉得对不起父母，生怕自己和父母不一样、断掉跟父母的联结。但事实上，孩子与父母的联结是从出生那一刻起就自然拥有的关系，是无论做什么都无法改变的事实，即使口头上说断绝父母子女的关系，也无法改变这个联结的事实。孩子明白了这一点，他就会努力过自己的人生，用成熟的爱来报答父母。比如这个到处流浪的女孩，她想要结束这种宿命般的流浪，就需要有勇气来承担自己比妈妈更幸福而产生的罪恶感。

作为家长，一方面我们要保持觉知，勇敢地承担起自己的人生比父母的人生更幸福的罪恶感，同时也要注意时时引导孩子，让他们有勇气比我们更幸福。我们要让孩子明白，他有一个责任，那就是不管家里发生什么样的事情，他都要把自己的人生过好。

爱，需要尊重。孩子要尊重父母本来的样子，不能要求父母成为他希望成为的那个样子。否则，孩子就会比父母"大"，序位就错乱了。同时，孩子也要学会尊重父母的命运，尊重家族长辈们的命运，不要做评判或去拯救。如此，我们才能让隐藏的、盲目的爱，转变成为有觉知的、光明的爱。

与孩子一起走出亲人过世的悲伤

谈起正值青春期的叛逆女儿秀秀,母亲阿丽忍不住哽咽了起来。

"去年的时候都还蛮好的。但是,今年就很不好了,是我自己有问题吧?长期照顾这个孩子真的好累,她现在好叛逆,都不听我的话,情绪爆发的时候好可怕。也许……我更年期到了,情绪也变得很不稳定。我们每天硬碰硬的结果,不是她哭,就是我哭。"看着母亲阿丽以自责应对女儿的叛逆,我知道,内在的矛盾冲突开始显现。

我问:"她爸爸呢?"

"他过世9年了。长期以来都是我在照顾她。"

"秀秀呢,想念爸爸吗?"秀秀点点头,我又问:"你能了解妈妈的感受吗?"

秀秀再次点头,说:"了解。"

"她情绪很不稳定,也不知道是因为我,还是……"阿丽又开始自责了起来。

我感到阿丽的情绪很奇怪,便问她:"在你生命中,碰到的第一个过世的人是谁?仔细想想,也许是小时候的。"

阿丽静静地想了想,说:"我爷爷吧,他在我爸爸3岁的时候就过世了。"

"怎么离开的?"

"我不知道,自然过世的吧。"阿丽不确定地说。

"你爸爸那时才3岁,自然过世的可能性不大,有没有可能是发生意外?"我再次确认。

阿丽摇了摇头:"没听说过……也许就是生病吧!"

"那你丈夫是怎么过世的?"阿丽说:"肝癌。"

阿丽排好丈夫、女儿秀秀、儿子、爸爸与爷爷的位置后,秀秀便开始跟哥哥玩了起来。笑声中,先是丈夫躺了下来,后来爷爷也躺了下来。

"所以,这个家有个特别的情况,没有人知道爷爷是怎么过世的。他也是突然离开,所以你的爸爸一直没有面对你爷爷的离开。而当他不愿面对的时候,谁会来面对?是他的女儿——你。你看,爸爸双拳紧握,那里有一种压抑,也许是悲伤。所以对你来说,现在是一加一的悲伤,除了要面对丈夫过世的悲伤之外,还要帮你爸爸承担爷爷过世的悲伤。"我对着阿丽说。

阿丽低下头,深呼吸着,强忍着情绪。

场中,秀秀追着哥哥跑,他们的嬉笑声与这悲伤的场域形成强烈对比。

"你要面对,不然孩子也无法面对。这份悲伤被嬉笑压抑,被愤怒替代,她的叛逆是因为她想帮你承担。"

就在我说完这句话后,嬉闹着的秀秀停下来,坐在妈妈身边,也许是因为女儿的陪伴,阿丽终于流泪了。

我引导阿丽对她爸爸说:"爸爸,你3岁时就没了爸爸,我知道这对你来说很难面对。谢谢你活下来把我们带大,没有在我3岁的时候离开我们。我知道你心里面有很多悲伤,我想要帮助你,但我只是你的女儿,我没有办法帮你承受你的悲伤,我也有自己的悲伤。爸爸,我爱你,我会为爷爷做一些好事的。"

在现场，阿丽爸爸的代表依旧紧闭着双眼不愿面对，阿丽很努力地想要去面对，她走到了爷爷的身边，代替了爸爸去面对爷爷的过世。而秀秀呢，她坐到自己爸爸身边，替代了妈妈去面对爸爸的过世——这又错位了，所有人都没有在自己的位置上。

"我再问一件事，奶奶呢？"

"奶奶后来就改嫁了，爸爸当时 3 岁，好像什么都不知道……其实，我也什么都不知道。"阿丽的思绪似乎开始有些紊乱。

"我们加入奶奶吧！"

就在奶奶坐到爷爷身边时，阿丽哭了，奶奶也开始啜泣起来。

阿丽转身面向奶奶，说："亲爱的奶奶，你的丈夫过世了，你自己要带孩子长大，很辛苦，而我也跟你一样……"

说到这，阿丽哽咽起来，她长长地吐了一口气后，接着说："我的丈夫也过世了，我自己带孩子长大。我知道，你心里面有很多悲伤……奶奶，我知道你当时过得很辛苦，我会陪着爸爸为你和爷爷做一些好事。"

说完，阿丽牵着爸爸的手，向爷爷、奶奶跪下磕头。

奶奶也开始面对爷爷的过世了。

我说："奶奶已经可以面对了，代表你也能面对你丈夫的过世了，来，你来好好面对你丈夫吧！"

阿丽点头，慢慢走到丈夫身边，但是女儿秀秀却占住了她的位置。我引导阿丽对她女儿说："秀秀，谢谢你，妈妈自己来面对，你去跟哥哥玩吧。"

秀秀摇头，抓着爸爸的手，不愿移动，阿丽只好自己走到丈夫面前。

我引导阿丽对女儿说:"你爸爸过世了!"

"你爸爸过世了!"阿丽边说边哭泣着。

"你爸爸过世了!"阿丽的声音一声比一声悲凉。

"你爸爸过世了!"阿丽哭着叫了起来。

秀秀摇头,抓着爸爸的手,突然放声大哭:"他的手好冰,他的手好冰……"

阿丽则红着眼眶说:"老公,你过世了,现在,我愿意面对了。"

在她慢慢地说出这句话之后,女儿的哭喊慢慢地停了下来。

"老公,我们的两个孩子都长大了,你可以好好安息了。不用担心,我会让自己快乐地活下去。"

阿丽说完,深深地吐了一口气,终于抱着丈夫再次放声大哭。听到哭声,秀秀终于能够把位置还给妈妈,回到女儿的位置上,跪到妈妈身边陪伴她。

在阿丽面对悲伤并且释放之后,她丈夫的眼睛终于慢慢地闭上了。

解说:死亡是服务于生命的

生老病死是生命里最自然不过的事实,死亡教我们的最重要功课是如何面对生命里这样的事实。如果一个人没有办法接受悲伤的、痛苦的无常死亡等负面事件,同时,他也就拒绝了生命的另一面,即快乐的、喜悦的事件。因为悲伤的、痛苦的与喜悦的、快乐的都是生命的一部分。

死亡不是生命的反面,死亡就是生命的一部分。所以英国文学家莎士比亚说:"死亡是服务于生命的。"一旦我们排斥死亡,我们也就无法全然接受生命本身。当一个人能好好面对死亡时，那么他就会拥有稳定的、平静的力量，他的内在会是包容的、完整的。当一个人接受生命带给他的一切经验，他的生命才会真正丰盛，他也就拥有了从容面对一切的力量。

一旦我们了解了这一点，我们就不会抓着悲伤不放。当一个人面对死亡的悲伤时，通常第一年会有强烈的悲伤情绪，第二年情绪的强度会减弱，第三年会进一步缓和。这是一个健康的过程。《弟子规》曰："丧三年，常悲咽；居处变，酒肉绝；丧尽礼，祭尽诚。"父母去世的头三年经常悲伤哭泣，自己的生活起居也发生改变，戒绝酒肉，以一些祭拜的礼仪来寄托哀思。

有的人害怕表达这种悲伤，把这种悲伤变成长期的、隐藏的、浅层的悲伤，这就好像是一直飘着毛毛雨的阴天，他把自己的悲伤时间拉长了，这是不健康的。

我们让自己的悲伤流动起来的时候，也带领孩子让悲伤流动起来。我们不用特意在孩子面前压抑自己的悲伤，甚至可以抱着孩子一起哭。有些人怕孩子看到自己难过，就忍着。其实，只有大人自然地表达自己的情绪时，孩子才会被允许表达，否则孩子也会压抑情绪，这样容易发生情绪问题。一方面，他去承接大人压抑的情绪，另一方面，他压抑自己未被表达的情绪。

所以，有时候我们看到这样的孩子跟同学有小冲突，突然就爆发很强烈的情绪。其他的人很惊讶：这件事情很小啊，怎么发这么大脾气。其实那孩子的底层已经累积了很多的情绪，他的内在有一个炸药库，那个小冲突只是一根点燃炸药的火柴，尤其是青春期的孩子更明显。因此，我们要让自己深层的原始情绪流动，以避免孩子为我们承担，并通过我们的带领与示范，使孩子压抑的情绪有机会表达。

堕胎，痛的绝非只有母亲

堕胎对伴侣间的关系影响很大，这是很多人都有的切身体会。没有结婚的情侣，堕胎后 90% 以上会分手；已经结婚的夫妻，堕胎后往往引发离婚、婚外情，或者莫名争吵、关系疏远。其实，堕胎不仅影响双方之间的关系，对两人之后的孩子影响也特别大。这一点是我在工作坊中频繁遇到的案例。

下面是最近我在北京工作坊中遇到的案例。

这对夫妻的烦恼是孩子。他们的孩子觉得生活了无生趣，活着没什么意思，什么事情也不想干，学也不想上。丈夫身材魁梧，脸型方正，是监狱的典狱长，妻子外形跟丈夫很互补，娇小明媚。孩子没有来，因为觉得"没什么意思"。

从他俩的互动中，看得出妻子是一个很有控制欲的人。

我对丈夫说："你应该感谢妻子，妻子很想照顾你们。"

丈夫一听到"感谢"两个字，情绪就来了："我知道她为这个家付出了很多，但每次感谢的心刚生出来，她一盆冷水就浇下来了。我们结婚这么多年，在她眼里，我就没有对过。我不懂得孝顺父母、不懂得疼爱她、不懂得教育孩子。在她看来，我就没有做过对的事……我觉得我儿子干了我不敢干的事、说了我不敢说的话，是在为我打抱不平。连我儿子都说'这不是家'。"

看得出，在这个家里，他们夫妻关系是失衡的。妻子冲得太猛，丈夫退后太多，所以儿子承接了他们的情绪。我对妻子说："他们是男人，男人不喜欢被这样控制。你丈夫做的决定可能跟你不一样，但你要支持他。"

丈夫的问题也很明显，于是我又对他说："为什么你的妻子会这么冲，因为你往后退了。如果遇到事情，都是你的妻子站出来，那你干什么呢？即使你跟妻子有争论，也要坚持负起更多的责任来。"

听了我的话，夫妻俩一齐点头，他们的态度都很真诚。随着他们态度的改变，场上的排列有了一些变化。妻子站到丈夫身边，但孩子还是背对着他们，离他们越来越远，蜷缩得也越来越紧。显然，这还不是根本原因。

"你家里有没活下来的孩子吗？"我问妻子。

妻子一听眼圈就红了："在他前面有8个堕胎的孩子……我现在非常无力。"

"8个？数量真是不少。怀孕了就把孩子拿掉，一次次拿掉……父母没办法让自己的孩子活下来，这是很难过的事情。"我感叹地摇摇头。

她接着哽咽道："有一个都7个多月了，每天动得特别欢快。因为我一定要生一个儿子，结果一检查那是个女孩。丈夫本来要求把这个孩子生下来的，他说'我养，我养得起'。但我还是毅然地……"

7个月？生下来都可以存活了，这相当于谋杀啊！家里发生谋杀，如果父母没有认真面对，活着的孩子心里就会产生两种感觉：一是，因为她们是女孩，所以就得死，我是男孩，所以我活了下来。孩子对自己的存活会有负罪感，他会觉得活着没意思，很孤单，因为姐姐们都死了；二是，他会承接姐姐们被谋杀的情绪，会产生分裂感。一方面他想要帮自己的兄弟姐妹，但杀死兄弟姐妹的那个人又是自己爱的妈妈，所以他会非常分裂。父母如果认真地去对待这些堕胎的孩子，孩子就不需要为父母承担了，他的情绪就可以稳定下来。

我加入了8个被堕胎的小孩，丈夫开始往后躲，妻子和儿子靠近堕胎的孩子。

丈夫为什么一直后退，为什么在家里感觉做什么都是错的？跟这8个被堕胎的孩子有关系。男性阳刚的力量会透过性来展示，但堕胎就是对这种阳刚力量的一次次伤害。堕胎等于在说：只要我展现我阳刚的男性力量，我的小孩就会被杀死。这样的话，男人还怎么阳刚得起来呢？如果避孕，就没有这样的危险，他还可以继续展现自己的阳刚力量。而且计划生育的重点不是堕胎，重点是节育、避孕、优生。堕胎其实是在否定父亲的力量。所以，发生堕胎，夫妻两人都要好好忏悔，没有忏悔就不知道自己错了。

我们终于找到这背后的能量了。

"去吧，去面对自己的这些孩子，带着一颗真诚的、忏悔的心，向他们表达你的爱，向他们道歉。"我话音刚落，这位母亲就号啕大哭。我看过很多的排列，有的只是情绪的宣泄，而没有忏悔，心里面没有"我真的做错了"的想法。那么孩子还是没有办法改变，夫妻关系还是没有办法和谐。于是我赶紧提醒她："认真用你的心看到这些孩子，看到你们的错误，带着爱看着他们，记得是带着爱，这不是情绪的宣泄。"

然后，我带领着夫妻对孩子们进行忏悔：

"亲爱的孩子们，我是你们的爸爸（妈妈），我愿意来看你们了。

亲爱的孩子们,我爱你们,对不起。

对不起,孩子们,我们错了。你们为我们的错误付出了代价,你们永远在我们心里有一个位置。我爱你们,亲爱的孩子,我们爱你们!"

当夫妻中的一方想把孩子生下来,而另一方却执意要把孩子杀死,夫妻关系就断裂了。可以修复吗?可以,但是要付出真正的忏悔心才有可能重建。如果他们没有真正真诚地面对那个 7 个月大的胎儿及那些被堕胎的孩子,他们孩子的情况也不会有大的改善。孩子觉得活着没什么意思,学也不想上,这是他承接了被堕胎的兄弟姊妹的情绪的结果。只有这对夫妻真的愿意改变,老师布置的家庭作业一定要发自内心去做,真正用心、用足够强大的力量来面对过往,心灵才能得到真正的解脱,孩子才能获得自由。

解说:以爱和健康的态度面对被堕胎的孩子

堕胎是夫妻关系遇到困境的一个重要原因,堕胎也是让孩子感觉生命没有意义,感到孤独的一个重要原因。

孩子都是妈妈心中的一块肉,而堕胎就像挖妈妈的心头肉一般,会在其心中形成一个空洞,经常产生莫名的空虚和忧郁。有的人干脆关掉某些感受,用工作或者购物等来填补这些空虚,有的人则会变得特别情绪化,每过一段时间就用歇斯底里的方式来发泄情绪。但是,我们的心灵就像一张精密的拼图,每一小块都有它的专属位置,其他东西是没办法取代的。

堕胎对爸爸产生的心理影响与妈妈一样。他也会产生愧疚、忧郁、自闭与内心的空虚感。大部分男性不太愿意用口头语言把自己的感受表达出来，但他们仍然会用其他的方式来表达。比如工作、宗教、酒精、金钱、物质或性欲。还有的男人，甚至会用失败来填补堕胎带来的罪恶感，会无意识地让自己在事业上失败，让自己远离富裕和成功。

对活着的其他孩子来说，堕胎的影响也是巨大的。从整体法则来说，第一个是承接的情绪。最常见的是孩子会承接到被堕胎的孩子的情绪，因此对父母产生疏离感和不信任感。甚至有的小孩因为认同死去的兄弟姐妹的情绪，会生病或者不吃饭、厌食。第二个是存活者的罪恶感。活下的孩子因为其他的兄弟姐妹都死了，而自己却能活下来，会有一种莫名的罪恶感。这样的孩子比较容易感到孤单，觉得生活无趣、学习无趣，并且会无意识地贬低自己生命的价值。

因此，父母如何面对堕胎的孩子，对每个家庭成员都很重要。当父母用健康的方式看到被堕胎的孩子，并纪念这个孩子时，活着的孩子会从父母身上学习到什么是责任。当父母愿意给所有的孩子在心中留个位置，包括那些没有存活的孩子，这会让活着的孩子产生一种特别的安全感，他不再感觉自己是孤单一个人了。

我们不需要刻意告诉活着的孩子所有关于堕胎的细节，孩子重视的是父母的态度。我们只需要让孩子感受到父母真的把那些堕胎的孩子放在心里面就可以了。相反，如果父母并没有把堕胎的孩子放到心里面，只是为了让活着的孩子分担自己的罪恶感而告知这件事，那就不合适了。这个出发点很重要。

当我们带着爱和健康的态度对待被堕胎的孩子时，活着的孩子也会在不知不觉中获得自由。他不会因为自己还活着而感到罪恶、孤单或者愤怒，也不用害怕自己是否会跟兄弟姐妹一样被父母抛弃，他们可以自在地回到属于自己的序位。

那么，什么样才是有爱并健康的态度与做法呢？

首先，夫妻要讨论对这件事的真实感受，真正把难过、内疚的情绪说出来。千万不要落入辩论，那只是在逃避心中的感觉。夫妻俩可以找时间单独聊一聊，说出各自心中的感受。比如可以说："我想和你聊一聊过去我们发生的一件事，那对我来说还没有完全过去。当我想起我们曾经堕胎的孩子，我会感到很愧疚……"如果对方急着安慰，你不妨对他（她）说："谢谢你安慰我，但是我想要把藏在心里的感受说出来。我们从来没有认真地面对面讨论过这件事，我也想听听你内心的感受。"让对方知道你内心的感受，让对方也愿意说出自己心底的感受。不要急，给彼此一点时间。当你们敞开心扉讨论，并思考如何共同为没能活下来的孩子做一些事时，双方的关系就会开始修复，甚至变得更好。

接着，夫妻要"共同"面对。我知道有的人会自己偷偷跑去用一些宗教仪式把孩子送走，甚至认为这是婴灵，要把他除掉、赶走，但这样做是无法跟孩子达成真正和解的。想想看，如果孩子生下来，我们会多么爱他呀，为什么我们杀掉他后反而觉得他是不好的呢？有这样的想法是因为我们不愿意面对杀害他的罪恶感和内疚感，不愿意为自己所做的事情负起责任。

因此，最重要的是，我们要在心里给孩子留一个位置，为他做一些善事。你可以给孩子起个名字，为他种一棵树，种的时候告诉孩子："亲爱的××，这棵树是为你种的。"你们也可以举办一些纪念性的活动，比如在特别的节日给他买一些礼物，把他当成真正的孩子看待。当夫妻共同出游时，不妨在心里对他说："爸爸妈妈一起带你出来玩啦。"用他的名义多做一些善事，比如捐钱、资助贫困山区的孩子，到孤儿院当义工等，做的时候告诉孩子："这是爸爸妈妈为你做的。"有的人有宗教信仰，也可以通过忏悔或用宗教仪式为孩子祈祷和超度。总之，我们要用健康的方式来纪念孩子，以一颗祝福的心来对待他，不是做表面的仪式，而是真正去爱他。

有的人跟另一半已经分手或离婚，但那个堕胎的孩子也并不会随着你们关系的结束而消失，他依然是你们的孩子。即使没有机会来共同面对，但还是要各自面对，把他放到心里面。

不仅堕胎的孩子要这样面对，早夭的孩子也需要用这种充满爱的健康态度来面对。不要为了怕触碰到伤处而故意遗忘或者隐瞒，这样反而会让家庭出问题。

内在排列：为堕胎的孩子祈祷

孩子选择我们做父母是一种很难得的缘分，那些孩子的死不应该毫无价值。我们要从孩子付出生命的代价中学习到重要的功课，让未来的生活变得更美好，这样才是对这些死去的孩子最大的尊重。

我现在邀请你一起来进行内在排列，为堕胎的孩子祈祷，为你自己堕胎的孩子祈祷。如果你没有堕过胎，请为你被堕胎的兄弟姐妹或家族中被堕胎的孩子祈祷，祝福他们平安。

我们带着心中的光和祝福
想象这个世界所有被堕胎的孩子
在我们的面前
成千上万，无以计数的孩子们把我们的心扉敞开
把我们心中祝福的光
洒落到他们身上
护送着这些孩子平安地到达生命的源头
我们心中爱的光护送着他们
我们看到
在这些孩子背后
生命源头的光
巨大的、金色的、白色的、无限灿烂明亮的光

从远远的地方照耀到所有这些孩子们身上
透过我们爱的祝福
透过我们爱的伴随
我们看到这些孩子
融入生命源头的灿烂的光里
迎接着他们回到生命的源头

亲爱的孩子们
谢谢你们
谢谢你们为我们付出的代价
你们在我心里永远会有个位置

我爱你们
亲爱的孩子们
我们会为我们所做的负起我们的责任
而你们是自由的
现在你们可以自由地回到生命的源头
回到无限平安喜乐的世界
感谢你们
再见了

我们看到前面一大群的孩子，越来越高地飞去
越来越高地飞去
这些小小的孩子们
就像天使般清纯可爱的孩子们
越来越高地飞去

融入生命源头的光里

让生命源头的光

带领着他们回到那无限平安喜乐的世界

带着我们的祝福

平安地回家

系统观读懂孩子：常见情绪问题

焦虑

焦虑是对未来的一种担心，当一个人对于未来有许多担心，且没有办法确定的时候，就很容易产生这样的情绪。如果孩子常出现这样的情绪，我们可以帮助孩子模拟未来的某些情境，就好像角色扮演的游戏一样，让他对即将发生的事情做一些演练，这样可以帮助孩子降低焦虑。有些时候，当一个人对未来想太多，他们去付诸行动的时候，也很容易产生焦虑和担心的情绪。所以我们要引导孩子学着去付诸行动。真正的行动会很自然地降低我们的焦虑和担心。

抑郁

从家庭系统动力的视角来看，抑郁也反映出孩子跟母亲或父亲的联结出现问题；妈妈或爸爸的位置是空缺的，或者家族里有人被排除在外而产生了空虚感，孩子承接了这些空虚感，便产生抑郁的情绪。

同时，抑郁也是对过去发生的事情没有真正地放下，并陷入过去的事情或情绪当中。比如过去发生过不好的事情，由此产生的情绪一直没有处理，当再次遇到挫折的时候，未处理的情绪就会再次出现，使人陷入其中。

如果孩子有这种情绪，也是因为过去的事情累积而来。这个时候，我们要真诚地跟孩子谈一谈，了解他过去到底发生了什么，一步一步让他把过去的心结解开，然后帮助这个孩子回到当下，朝向未来。当然，我们需要通过一些实际的、具体的行动，甚至一些规划或计划来帮助孩子回到当下，这样孩子就能够脱离抑郁的情境了。

愤怒

愤怒不一定都是不好的情绪，愤怒也可以是人的一种健康情绪，有时候透过愤怒，我们可以变得更有力量，去达成一些事。所以家长们，不要害怕孩子有愤怒的情绪。孩子为什么会愤怒？当发生的事情跟他的预期不一样时，他可能会愤怒；或者有人欺负了他，他会愤怒；如果他被冤枉了，受到了委屈，他同样会愤怒；又或者发生一些事情，无法控制，他可能也会愤怒。

孩子们需要学习的是，如何去表达愤怒，而不是让它失控。

所以，我们要帮助孩子把他的感受说出来，而不是让孩子一直压抑愤怒，最后以暴力的方式发泄出来。这需要我们引导孩子有意识地管理自己的愤怒情绪。比如利用玩"红绿灯"的游戏来引导他——当他感觉到愤怒的时候，让他在自己的心里喊"红灯"，让自己停下来，或用静心呼吸（见本章"练习"部分）陪孩子调整情绪。经过耐心的引导，让孩子慢慢学会在内在产生一个暂停的片刻，让自己更有觉知地表达情绪感受，而不被愤怒抓住。这对孩子的人生来说是非常必要的。

敏感脆弱

孩子比较敏感、脆弱，肯定有许多原因，我在此想特别提出的是，每一个孩子，都应该回到自己的位置上，回到自己的长幼顺序里面。家长要在家庭里给孩子一个适当的界线和规范，让孩子学习在这个适当的界线和规范里面站在自己的位置上，去经历他生活里的成功或失败。

一个在健康的、有界线、有秩序的环境里长大的孩子，会更容易找到适宜的分寸感。也就是说，他知道在每个处境里，怎么做是对的、怎么做是错的，他会建立起内在的力量。这样，他就会慢慢降低情绪上的敏感度。因为他知道，他是在一个有秩序的界线里面生活的。当他知道自己的位置在哪里，他就可以更稳定地发展自己，并调整自己的情绪。这一点，是我们很多家长容易忽略的。

家有儿女 Q & A

Q：孩子越来越难管教了，动不动就发脾气，事情稍有一点不如他的意就大吼大叫。昨天是他 13 岁生日，他要的礼物是遥控飞机，结果我没买到他想要的那一款，买了另外一款。他一打开包装，看到不是自己想要的，立刻就摔在地上，飞机都被摔碎了。

A：你的问题分三个部分，第一个部分，孩子是通过累积的事情慢慢学习的。你提到"事情一不如他的意，他就大吼大叫"，所以在过去，你是怎样管教他的？你是否在他需要称赞时称赞得不够，需要处罚时处罚得不明确？他现在 13 岁了，已经不小了。所以，我们要反省过去的管教方式是不是少了一点纪律，才让他累积成这样的一种情绪模式。

第二个部分，孩子也要学习管理自己的愤怒。如果稍微有一点点小的刺激，他的愤怒就那么快爆发出来，那么在生活当中，在社交环境里，受到一些小的刺激，他的愤怒也会同样无法控制，这样很容易给他带来困扰和麻烦。所以你要帮助孩子觉察，当他愤怒的情绪起来的时候，他的表情是什么样子、他的身体动作是什么样子。

然后教导他，在情绪出现之前，深呼吸（平常就可以练习，参考"静心呼吸练习"），让情绪爆发之前有一点点缓冲的空间，而不是马上爆发。或者当他觉察到自己开始愤怒的时候，通过1秒钟、2秒钟、3秒钟的深呼吸，找到一个可以表达愤怒的方式。以你说的这件事为例，他打开包装看到不是自己想要的，就是说他得到的不是他所预期的，这个时候他的愤怒就起来了。当他愤怒起来的时候，你要帮助孩子觉察他的愤怒。你可以告诉他："你好像有点生气了，先深呼吸一下，看看，发生了什么事。"然后协助他，通过语言的方式把他的愤怒表达出来："我看到你好像有点生气了，怎么了？是不是你想要的跟现在送给你的款式不大一样？是这样子吗？"这样，他就能慢慢学会用不同的方式来表达自己的情绪了。

第三个部分，如果孩子有一些莫名的情绪，除了上述讲的部分，我们还要去探索莫名情绪的背后是什么。很多时候孩子的情绪爆发不是一个单独的生活事件，而是家庭里深藏于底层的压抑情绪，或是一些压抑的愤怒。

也许是爸爸的愤怒，也许是妈妈的愤怒；或许是你们夫妻之间相处的一些愤怒没有表达；又或许是家族里面曾经发生过一些事件，导致一些情绪没有得到好的流动，这时候，孩子就会承接你们的愤怒。这就像休眠的火山一样，它早晚会以不同的方式被触发。

孩子是否有莫名的情绪，其实我们是能够观察到的，就是这种情绪反应与一般适当的情绪反应相比，明显超出了范围。通常我们看到这种情绪反应会觉得奇怪，"为什么他的情绪反应会这么大"？当孩子有这样莫名的情绪时，我建议最好能够做一个家族系统排列，来探索莫名情绪背后的力量，并且找到根本性的解决方法。

Q：我家孩子 12 岁，特别爱生闷气，有时候我都不清楚哪里得罪他了。有一次带他去博物馆，坐车的时候还好好的，下车的时候就生气了，不理我，自己埋头往前冲，差点撞到车子。我现在跟他在一起都小心谨慎，生怕哪里又惹他生气了。

A：我们要知道，孩子进入青春期后，的确在情绪上的表现会跟以前不一样。但是，不管孩子的情绪状况怎么样，第一步，我们要先站好自己的位置。我们是爸爸妈妈，如果我们怕他生气，跟他在一起要特别小心谨慎，这个时候我们就被他的情绪所控制，我们的位置就出现了偏差。所以，我们首先要让孩子知道，我们是长辈，是大的；他是晚辈，是小的。在这个界线范围内，我们再跟孩子保持一个良好的沟通。

我们与孩子划定界线，是帮助孩子成长的一个很重要的过程。孩子进入青春期后，会不断地碰触试探这个界线。如果我们界线守得好，孩子就会在这里面去学习、去成长，他的内在就会有一些整合，这些整合其实就是他在独立过程中需要去经历的事情。

第二步，我们要开始学习与青春期孩子沟通的方法。当他有情绪时，我们要学习理解他的情绪，问他到底发生了什么事，让孩子愿意说出来，愿意把他的感受表达出来。

你的孩子特别爱生闷气，关于这一点，可能你要学习一下怎么去问、怎么去听。在这个过程中，最重要的就是不要否定他的情绪。当他有情绪的时候，先理解他的情绪。你可以说："哦！你看起来好像在生气，不知道发生了什么事？"或者说："我看到你在生气，我看到你好像有一些不舒服的地方，到底发生了什么事？"有时候他愿意说，有时候他不愿意说，但是慢慢地，孩子会觉得，在这个家里，他可以任意自由地表达自己的情绪，他的情绪是能够被接受的。当然，这需要有一个过程。更重要的是，你在日常生活中的身教。家庭就是要创造出一种可以任意表达自己感受的氛围。你可以用"我感到……"或者"我觉得……"来表述自己的一些个人感受，夫妻之间也是一样，这样孩子就会从我们身上学到表达情绪、表达感受是正常的，是健康的。耳濡目染下，他就学会了如何来表达自己的情绪。

所以说，对青春期孩子的教育其实也是我们父母的成长，是非常重要的。

Q：孩子才刚上五年级，天天长吁短叹的，问她有什么烦心事，她就说"活着没意思"或者"生活好无趣"。我带她去同龄孩子都喜欢玩的游乐园，可她完全不感兴趣；带她去看动画片，她还是说无趣。孩子每天萎靡不振的，完全不像同龄孩子那样生气蓬勃，真让人担心。

A：你的孩子是一个早熟的孩子，所以你要带着一份尊重来与她相处。你可以选择适当的时机，比如说当她心情比较好的时候，或者是情绪比较稳定的时候，好好跟她聊一聊她的心事、她的感受。不要太快给她建议，先听听她到底发生了什么事，她有什么样的感觉。当你愿意倾听的时候，你的孩子才有机会说得更多。

她常常提到"活着没意思"或者"生活好无趣"，在这背后，可能也有一些关于家庭的系统能量需要我们去探索。

因为她内在的一些情绪，可能不仅仅是因为生活中发生的事。在这背后，有可能是你的家庭，甚至是你的家族背后，有一些事情需要重新来面对。她有可能承接了其他家人一些莫名的情绪，或者承接了一些被家族排除在外的人的一些忧郁或悲伤，又或者是家庭里面有一些事件没有被好好面对，以致成为这个家庭去逃避的事件。你可以想一想，你的家族里有没有不幸早逝的成员、意外死亡的成员。有可能孩子是在填补家庭或家族里面被排除的孩子，或者是承担了早夭孩子的某些情绪，所以感到忧郁、没有活力。这些都可以透过家族系统排列探究出来，从而在根本上帮助你的孩子。

Q：孩子对别人的评价非常敏感，只能夸，稍微有一点点批评就情绪低落，哭泣或者自己生闷气。怎么才能让孩子不那么敏感呢？怎么让他接受客观的评价呢？

A：赞美或指正孩子的时候，有一点很关键，就是你要描述孩子所做的具体的事情，哪一些是好的，哪一些是需要改进的,而不是去评判孩子本身。

比如,孩子作业写得很好,这个时候你赞美他就不要说:"哇!你好棒哦!你真是全世界最聪明的孩子。"这种赞美是不恰当的。你可以改用描述的方式,告诉他:"哦,妈妈看到你写字的速度很快,一下子就把作业写完了。"这个时候,因为你描述的是一个具体的事件,而不是空泛的评价,他内心就会对自己有更好的调整,并由此产生一份自信。

同样地,如果你去指正他做的某件事情时,也不要说:"你怎么那么笨啊,这一点作业都写这么久。"如此一来,孩子的自信心很容易受到打击。但你可以描述具体的事情,说:"我看到你写作业花了很多时间,超出了我的预期,是碰到了什么问题吗?"这种表达,孩子就不会觉得你在说他这个人不好。

所以,批评或赞美孩子一定要针对具体的事件,去描述他的所作所为,而不是对他的人格做评价。这样孩子的内在会生出对自己的肯定或了解。当他有了这份肯定和自我了解后,就不会对别人"好"或"不好"的评价那么敏感了。

Q: 孩子7岁了,特别没有安全感,天黑怕,刮大风怕,打雷下雨也怕。长这么大了,还是没办法分床睡,睡着了还时不时伸手探探身边,没摸到人就醒。平常一个人在家待一会儿都不行,一转头看不到人咧嘴就哭,真是烦心。

A：孩子 7 岁了，应该是慢慢地越来越独立，但是看到你孩子的情况，我有个推测——在他更小的时候有被惊吓或者与父母分离的经历。也就是说，当他想要跟爸爸妈妈或者照顾他的人在一起的时候，却不能如愿。当然，也可能有其他产生创伤的经历。

解决的方法就是促使他努力回想，过去有没有特别令他害怕的事情。当他在描述那时候发生的事情时，请你抱着他，让他感觉到安全。因为当他再次叙述那个事件的时候，他也会重新经历当时的惊吓。一次、两次、三次，慢慢地，过去这些负面的经历会逐渐变得平淡，那个时候他的内心就会变得更有安全感。

这种莫名的情绪也有另外一个可能，就是在系统里面，即你的家族里面，包括上一代爷爷、奶奶或者外公、外婆的家族里面，可能发生过一些令人害怕的事件。如果是这种情况，家里就会有一种像是遗传一样的记忆，让孩子感到惊吓，没有安全感。

比如，家族里面有成员很小的时候被送走了，或是出现一些让人恐惧的意外；或者经历过重大的惊吓事件、冲突事件；或者家族里面有人曾经因为一些重大的历史事件被惊吓，甚至丧命等。这个时候，透过家族系统排列，就可以探索家族传递下来的心理状态，同时找到解决方法，帮助孩子从这种莫名的恐惧情绪的承接中，慢慢走出来。

Q：我家孩子似乎太过追求完美了，我都怀疑她是不是有强迫症了。比如，衣服必须熨得平平整整，一点儿褶子都不能有。有一次在网上买了一本书，里面两页有折痕，这孩子就把书退了重新买。可是她第二天就要用这本书啊，结果我只好请假跑到书店帮她重新买了一本。

A：太过追求完美，甚至有强迫症的倾向，这种莫名的情绪往往是因为在家族里面有一些事件，没有得到真正的和解或解决。所以出生在这个家族里面的孩子，就承接了这种莫名的情绪。你可能要去了解，你的家族里是否有发生过伤害、杀害或谋杀的事件，包括是否有家人被害、是否伤害了别人、是否有冲突或意外，甚至一些历史事件都要算在里面。透过家族系统排列，我们重新来面对这个事件，才有可能进一步去改善孩子这种莫名的情绪。

▶ 练习1

静心呼吸，陪孩子调整情绪

在日常生活里，当孩子有一些情绪时，除了转化家庭系统动力的影响外，我们也要学习一些静心方法与沟通技巧，这样才更能提升与孩子互动的质量。

教孩子练习静心呼吸时，可以先让他找一个舒适的姿势坐着，两手平放在大腿上。然后对孩子说："当我们快速短促呼吸时，会感觉紧张局促；当我们缓慢深长呼吸时，会感觉舒缓放松。"接着，让孩子把手放在肚子上，感受急促呼吸和深长呼吸时，肚子不同的起伏情况。之后，请孩子闭上眼睛。如果他不愿意，也可以提示他固定看向某一处，比如窗户、某样玩具等。

进行练习的过程中，孩子可能会被一些突然出现的状况干扰，比如电话声、敲门声、小鸟的叫声，然后就坐不住了。这是正常现象，我们不要责备孩子，可以冷静而温柔地对孩子说："我们把注意力收回来，来，深呼吸。"你的冷静温柔会让孩子立刻平静下来，回到宁静平和的练习当中。

一开始，孩子保持静坐的时间会很短，甚至只有几十秒。没有关系，坚持练习，逐渐延长时间。持续进行一段时间后，你会发现，年纪小一点的孩子，可能会坐一两分钟，而年纪大一些的孩子，也许能静坐十几分钟。

练习结束后，我们要和孩子一起分享彼此的感受，跟孩子讨论一下，什么时候可以运用它。提示孩子，当他生气的时候，当他面临挑战、忐忑不安的时候，都可以尝试运用静心呼吸法。

想教会孩子静心，最关键的是我们自己也要做，让孩子在生活中看到爸爸妈妈也在做这件事，他就会觉得这么做很自然。在生活里我们也要运用它：当我们情绪激动要发脾气时，我们也要赶快利用呼吸将自己的心静下来。这样，孩子也就很快学会如何调整自己的情绪了。

> 练习2

当孩子有情绪时，具体的应对技巧

当孩子有情绪时，以下应对技巧会很有帮助，作为父母要多练习这些应对技巧。这样不但可以让自己更轻松地与孩子沟通，孩子也会更愿意和你交流，双方自然而然就提升了情绪管理技巧。

为了达到这个目标，首先，家中要创造一种氛围，让孩子觉得可以自由地表达自己的感受。

技巧1：父母要用"肯定孩子的想法和感受"代替"要孩子忘掉感受"。

技巧2：有时父母可以用一个词或声音，如"噢""嗯""哦""我知道了"，来回应孩子的感受，以此代替"忽略孩子的感受"。

技巧3：父母在要求孩子修正行为的同时，要接受他的感受；父母不要否定孩子的感受，但同时也不能放弃自己的判断和立场。

技巧4：对现实中不能实现的事，可以用幽默一点的方式，引导孩子用"幻想或角色扮演的方式来完成"代替"说教讲理"。

后面的漫画完整地展示了哪些是应对孩子的不适当做法，哪些是应对孩子的适当技巧。

不适当做法：要孩子忘掉感受

1
宝贝，你怎么了？不开心吗？

我不想说。

2
说出来你会好受点的，说吧，妈妈在听呢。

我们的音乐老师离开学校了。

3
我还以为发生了什么大事呢。没关系的，你们还会有别的音乐老师。

可是，对我们来说不一样，我们都很喜欢李老师，她很关心我们。

4
好了，别难过了，你们新的音乐老师一定也会像李老师一样好的。

那只是你的想法。

适当技巧：肯定其想法与感受

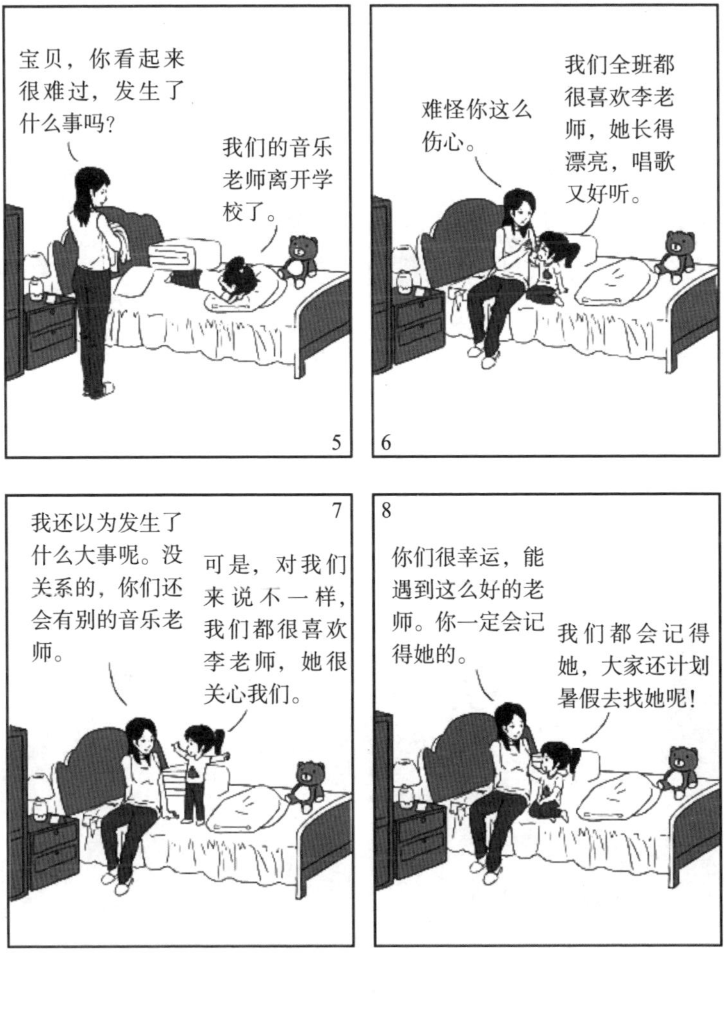

1 宝贝，你看起来很难过，发生了什么事吗？
2 我们的音乐老师离开学校了。
3 难怪你这么伤心。
4 我们全班都很喜欢李老师，她长得漂亮，唱歌又好听。
5 我还以为发生了什么大事呢。没关系的，你们还会有别的音乐老师。
6 可是，对我们来说不一样，我们都很喜欢李老师，她很关心我们。
7 你们很幸运，能遇到这么好的老师。你一定会记得她的。
8 我们都会记得她，大家还计划暑假去找她呢！

不适当做法：忽略感受

1. 哦，天哪！我的课外实习报告明天就要交了。别告诉我，你还没写。

2. 我还以为是周四交呢。你连自己作业什么时候交都不知道？还不赶紧去写。

3. 但是……还有什么但是，快去写作业。

4. 算了，不用你管。你怎么这样说话呢！

适当技巧：回应感受

5. 哦，天哪！我的课外实习报告明天就要交了。
   哦，是吗？

6. 我只写了一半……
   这样啊……

7. 唉，我还打算今天看球赛呢，这下可看不了了。哎，这真是太可惜了。

8. 可是也没办法，如果我不写的话，明天上学就要挨骂了。
   嗯，也是。

不适当做法：放弃自己的立场和判断

1. 妈妈，你让我参加夏令营吧。我的腿已经好得差不多了。
   不行，它还肿着呢！

2. 我觉得还是不行。你忘了医生怎么说的了？
   可是它一点也不疼啦，你看，我走起路来什么问题都没有。

3. 求您啦，这次夏令营，跟我要好的朋友都去了，只有我不去的话多不好啊。而且，我一定会小心的，不会再把腿弄伤的。

4. 既然你这么说的话……嗯……好吧……
   谢谢妈妈，我爱死你了。

适当技巧：修正孩子行为的同时，接受其感受

不适当做法：要孩子忘掉感受

1. 爸爸，你什么时候教我开车？
   开车？你才多大啊，就要学开车。

2. 我都15岁了，马上就是成人了。
   对，你现在还不是。

3. 可是阿辉的爸爸在他13岁的时候就教他开车了耶。

4. 爸爸……
   不行就是不行，别再提这件事了。

适当技巧：角色扮演

5. 爸爸，你什么时候教我开车？——看样子你很期待。

6. 我的好朋友阿辉13岁就学车了。——所以，你也希望我不要太看重年龄这件事，是吗？

7. 当然了，年龄不能说明什么，我已经长大了。——那按你的想法，你很快就能学会开车了。

8. 肯定的，我一定学得很快。——然后你就可以考驾照，以后我们出去玩，你就是家里的小司机了。

第五章

孩子的人际关系在说什么

"亲爱的妈妈,我想跟你建立联结。"
"我想要归属感,我想要有个伴。"
"我们要用更好的方式来面对家族秘密。"

中断的联结如何影响孩子的人际关系

我们每个人生命中最早的人际关系是与妈妈的相处。如果一个人小时候与妈妈的联结中断,对他以后的人际关系会产生很多影响。在心理学上,我们把这种情况称为"中断的联结"(interrupted reaching out movement)。孩子越小与妈妈的联结发生中断,对他以后的影响就越大。

婴儿阶段,母婴间好的互动会促进孩子的脑部发育。如果母婴"联结中断",当一个婴儿想要靠近妈妈时,妈妈因为一些原因无法回应,比如生病,他便会受挫。如果一次两次都受挫,这个经验就会在他幼小的心灵里留下烙印。他想要去靠近一个人并建立一种关系的时候,失败的经验就会冒出来,他就会退缩。这不仅会影响孩子未来与人建立联结,严重的还会影响他的智力发育、生命安全。

对学龄前的孩子来说,身体接触是建立联结最重要的方式。大哭的婴儿,抱起来后就会平静下来。有科学实验证明,得到更多拥抱的早产儿存活率更高。以前新生儿出生后,医院实施的是"母婴分离",妈妈在病房,孩子统一在婴儿室护理。但现在的医院都是母婴同室,让新生儿尽可能多地与母亲待在一起。

在童年与青少年时期的孩子身上,"中断联结"表现在交友困难、情绪易反复、优柔寡断、难以做决定等方面。

当年纪更大一些时,成年孩子的"联结中断"会影响到他的交友，影响他达成工作的目标，影响他建立亲密关系。甚至等到他为人父母了，他很有可能会重复父母的方式，以中断联结的方式来建立他与孩子的亲子关系。

我遇到过一个案例，妈妈在国外工作，孩子由外公、外婆带大，现在孩子读高二了，但是特别孤僻，几乎没有朋友，也拒绝跟父母交流。令人感叹的是，在国外工作的妈妈同样也是由祖辈带大的。

当然，不是说妈妈每天早上离开孩子去上班、晚上才回家就会导致母子联结中断（因为晚上妈妈又可以陪伴孩子了），但是，有的父母选择把孩子送回老家由爷爷、奶奶或者外公、外婆带，一年只跟孩子见几次面，这样的状况就要谨慎。

如同央视《开学第一课》的节目开场白："当教育孩子的时候，你跑去挣钱不管教孩子，等孩子长大了，你辛辛苦苦挣了一辈子的钱不够他败家一年；当教育孩子的时候，你选择管教陪伴，等孩子长大了，你一辈子没挣到的钱，孩子一年就挣到了。"因此，当孩子越小的时候，离开妈妈的时间就要越短。如果迫不得已，则每次跟孩子碰面时要多多拥抱他，有更多的身体接触，比如勾着手臂、搂着肩膀、坐时靠在一起等。

重新联结母亲，帮助孩子建立人际亲密关系

曾经有一位27岁的男生来到我的工作坊，他基本上都是独来独往，几乎不和身边的人说话，甚至打招呼。在前三天的各种练习与活动中，他的参与度都不怎么高。到了最后一天的下午，他把手举得很高，似乎很迫切想要解决问题。

他道出了自己的苦恼：无法与人建立长久的亲密关系。除此之外，在日常生活及工作中，他很容易产生情绪，而且常常情绪激动，看不到别人的优点，能看到的全是别人的缺点。听完这些，我问到他与父母关系如何，尤其是与妈妈的关系如何。他回答：自己对爸妈总是意见很大；妈妈在家里很强势，管教自己很严格。

"你小时候是在妈妈身边长大的吗？"当我问到这个问题时，男生的声音变得有些哽咽："我在3岁之前都是由姨婆带大的，很少见到妈妈。"

我觉得有些奇怪："为什么是姨婆带大你呢？你外婆呢？"

"在我妈妈7岁的时候，外婆把妈妈过继给了自己的妹妹当女儿，也就是我姨婆。"

"所以，你妈妈7岁之后并没有在自己的妈妈身边长大？"男生点了点头，没有说话。

在知道这些信息之后，我们就很容易理解，妈妈的代表为什

么转过身去，原来她是要去找寻自己的妈妈。

而这名男生难以靠近自己的妈妈，是因为在3岁之前他最需要妈妈的时候被送到姨婆那儿，离开了妈妈。他与妈妈的联结在那个时候被中断了，他对妈妈的渴望也被冻结了。我开始帮助他"完成与母亲中断的联结"，重新与母亲联结。我引导他慢慢变小，想象自己小时候被妈妈送走的感受，看到小时候记忆里的妈妈，我陪伴并支持着他慢慢靠近妈妈，一边靠近一边喊着"妈妈，妈妈"。妈妈的代表慢慢往后退，男生继续爬向妈妈，并喊着："妈妈，求求你，请让我靠近你！"

男生缓慢爬向妈妈的画面让人很感动。当他终于靠近妈妈，紧紧抱住妈妈时，就哭了出来。在场不少人也纷纷落泪。

20多年过去了，他终于抱住了渴望已久的妈妈，他终于感受到了妈妈怀抱的温暖，他终于和妈妈联结上了。他与妈妈的紧紧拥抱，让他的身体和细胞都记住了这份联结。

解说：妈妈给予我们的力量

活动结束的时候，我做了一个测试，我让他面对自己喜欢的女生，并试图接近她。他微笑地看着女生，腼腆地慢慢靠近她。现场所有工作坊学员都为他欢呼。男生说感觉自己背后有一股力量在推动着他往前，走向女生。

妈妈是我们人际关系中最基本的关系，她影响我们随后的所有关系。当与妈妈有一份好的联结时，我们与身边的人也会建立良好的人际关系，而不是疏离与中断；当与妈妈有一份好的联结时，就会帮助我们与人建立长久的亲密关系，而不是恐惧与退缩。

归属感对于孩子等同于爱和幸福

每个人都需要归属感,一旦我们拥有归属感,就会感觉轻松愉快,很安全。而一旦缺乏归属感,我们就会感觉沮丧、孤单、寂寞、压抑,会想找个机会离开,重新寻找一个有归属感的环境。

每个孩子一生下来,他赖以生存的就是家庭,让他得以存活的人就是父母。所以,他对家庭归属感的追求,热烈的同时也有点盲目。如果你仔细观察就会发现,孩子非常希望和爸爸妈妈穿同样的衣服、吃同样的食物,不经意间他就学到了爸爸妈妈说话的方式,有时甚至会刻意模仿爸爸妈妈的行为举止。其实,他们是在用这些外在的表现来表达希望与父母紧密联结的心愿。他们以为,与父母的外在形象保持一致、重复父母的语言和动作,就可以保持和父母的联结,保持和父母在"一个战壕里"的归属感。即使已经长大成人的子女,在父母前面,他依然是孩子,依然会从父母那里找寻归属感。正如海宁格老师所说:"归属感对于孩子而言,等同于爱和幸福。"

每个孩子都想与家、与父母有好的互动关系,毕竟这关系是切不断也分不开的。但是没有人不会犯错,即使是爸爸妈妈也一样。为什么?因为他们也受到自己原生家庭的影响,也受到他们父母的生活经验的影响。这时候,孩子会因为对归属感的渴望而盲目追随父母,甚至牺牲自己的健康和幸福。这一点经常在孩子的情绪上表现出来，并且会更直观地表现在孩子的人际关系上。比如，孩子情绪不稳定，这意味着他很难交到朋友，在人多的场合也会表现得特别孤僻。还有一种情况，当孩子在家里面，也就是在父母那里找不到归属感，感受不到被需要、被看见的时候，他们就会往外找寻。找到正向的人或事，他们就朝好的方向发展；找到负向的人或事，他们就朝坏的方向发展。

印象中有个孩子，名叫小胖，他来工作坊时才小学四年级。他来上课是因为他不爱跟同学玩，而且专门结交坏的朋友，跟着那些坏朋友到处闯祸。我去了解他为什么这么做。结果是，他的父母早已离异，他从小跟着爸爸，但是爸爸又很忙，没空陪他。后来，他就跑出去偷车——在那些坏朋友的陪伴下！

碰到这样的情况，很多父母会说，孩子是被朋友带坏了。但这就是真相吗？我排列了小胖与父母的关系状态，排列中呈现的是三颗分开的心灵，父母和孩子三个人各站一方，父母不看儿子，儿子不看父母，父母之间也不看对方。直到加入朋友，小胖立刻向朋友靠近。

很明显，小胖对朋友有一种依赖。这是因为朋友的出现让他心里有了归属感，从而有了安全感，也让小胖有了被人关心的感觉。

透过排列，我们清楚地看到，小胖偷东西是因为他需要朋友的陪伴，需要从朋友那里获得归属感。如果我们没有了解小胖的心理层面，只是一味地教育他、约束他，而他心里真正的需要没有被看见、没有被满足，那么他的行为就不会好转。只有当父母重新给小胖一份归属的感受，帮助他解开心结，他才能有新的开始，走上正确的道路。

孩子进入青春期后，要特别注意他的交友情况。如果孩子在家里没有归属感，就会通过拓展人际关系的方式去寻找，如此一来，有可能交到好朋友，也有可能交到坏朋友。如果运气好的话，孩子会遇到好的朋友，一起读书、运动，从事积极活动；反之，可能会遇到一群打在线游戏、偷窃的朋友。在孩子价值观还不健全的阶段，他重视的是一群人在一起的归属感，而那一群人做什么就变得不重要了。

比如青少年的霸凌事件中，那些打人的少年甚至不把被欺负的对象当作是人来看待，身处其中的每一个孩子，只要跟群体里的其他人做相同的事情，就不会觉得羞耻。他们的道德观还没有完全成熟，这也是为什么会有"孟母三迁"的典故。

家里的归属感越强，朋友对孩子的影响就会越小。这种情况下，父母引导他结交一些朋友或者远离一些朋友，他都不会特别抗拒。但是如果家给孩子的归属感很弱，外面朋友的影响就会变大。

一旦孩子结交不好的朋友，父母第一步就是要建立家的归属感，然后引导他结交更多积极上进、有良好教育的朋友，让不好的朋友对他的影响变小。

因此，孩子的人际问题是在说："我想要有归属感，我想要有个伴。"

用更好的方式来面对家族秘密

在日常的工作中，我碰到过各种各样的家族秘密。许多孩子受这些家族秘密的影响，却没有被正确引导，心灵没有被体贴照顾，在拥有这些家族秘密的同时就有可能被这些家族秘密所伤害。孩子的人际问题在说："我们是时候用更好的方式来面对家族秘密了。"

下面这个案例，就是一个年轻人因在青春期背负着家族秘密而备尝人生艰辛和苦痛的经历。

小宇已经大学毕业了，但还是没有办法好好谈恋爱，好好工作。原因是他一直纠结于一个不能说的秘密。

小宇坐在我身边，一手拿着麦克风，一手抱着自己的胳膊。看得出来，他比较拘谨。他开门见山地讲述了自己的困扰："我觉得我不是我爸爸的孩子，家族里面的人都知道，但都不说。我认为我是大姨丈的孩子，但不确定，因为妈妈也不说。家里的人都说我长得不像我爸，甚至一个表弟还说，如果你头发再长一点，你跟你表哥就长得一模一样了。"他稍顿了顿，解释道："我表哥就是大姨丈的孩子。"他的语速很快，声音像一条直线，没有任何的起伏，很着急把事情讲完，并且努力让自己成为事件中的观察者。

"长得像不能说明什么问题啊。"我不想他因为自己的臆测就承担这个秘密的压力。

小宇沉默了很久,沉着声音说:"小的时候,我曾经看到过我妈跟大姨丈两人很亲密地在一起。当时,我就躲在旁边。那时候我就怀疑我跟我弟弟,我们当中有一个是他的孩子。他那时候来我家的频率特别高,但我妈妈从来不正面说这件事情。"

"你妈妈没有特别去说这件事,没有正面地告诉你或者承认这件事。所以,这对妈妈来说就是个秘密。"我认真地对他说:"你亲生的爸爸就是你亲生的爸爸,不管这个男人是谁。

如果你妈妈愿意告诉你,那你就听她说。如果她不愿意告诉你,你也不要在她有生之年刻意去刺探这个秘密,要尊重她心里面的这个秘密。重点是生你的人把生命给了你,养你的人把你照顾长大。现在你 25 岁,这是你人生的一个新开始,你的焦点不要再放在过去。

妈妈愿意说的时候,她自然会说。如果她不想说,那就保持对她的一份尊重。而且,要记住,就算现在养你的爸爸不是你的亲生爸爸,他对你也是有恩的,他把你照顾长大了。所以,让这些秘密成为过去吧。"

但我的话,小宇似乎没有听进去,他依然沉浸在过去的痛苦中:"高二的时候,我被同学排挤,跟老师关系也不好。当时就特别希望有一个很有力量的人站出来,比如我亲生的爸爸。我希望他能把我从这个环境当中解救出来,但当时没有人站出来。那个时候我真的很绝望,完全没有朋友,甚至有一天晚上想自杀。从那个时候开始,我就感觉脑袋里有层层的障碍,没有办法思考,没有办法生活。"

有时候,人必须带着一些秘密活着。如果我们一直想去刺探秘密，并受困于此，就会有很多的无力感。万一秘密在不适当的时候被揭露，它也许就会变成一把伤人的利刃。但如果尊重它，秘密就只会是秘密。我要让这个秘密成为陪伴小宇同行的友善的力量，所以我决定在现场帮他做一个练习。这个年轻人需要一些身体的经验来支持他前行。

我请小宇从围坐的同事中随机找两个人代表自己的亲生父母，然后示意他坐在场中央的椅子上，让他在脑海中回到高二那年受同学欺负的场景，进入那个被困住的感觉。小宇渐渐进入感觉，双手紧握，双脚并拢，我和助手一起，用一条长长的围巾将小宇围在椅子上，然后对他说："冲破围巾的束缚，就好像冲破高二时的种种束缚。冲出去！冲向你的亲生爸爸和妈妈。"

当我喊"冲"的时候，小宇几乎不能动，真的像被绳子捆住一般。我在后面轻轻推他，同时示意场中的伙伴一起为他鼓励，大家"加油"的声音越来越响，小宇开始用劲，但还是喊不出"爸爸"这个词。伙伴们都站了起来，高声为他加油，小宇终于哭喊着"爸爸"，冲向了他亲生的爸爸，冲向他高二那年无比渴望的那个宽厚的怀抱。

我轻轻拍着小宇的后背，温和而坚定地告诉他："小宇，用你身体的每个细胞记住这个经验，你可以办到，你成功了。你投入了生命的怀抱，生命源源不断地供给你能量，把你生到这个世界上。你活下来了。不管是以怎样的形式，不管你爸爸、妈妈是谁，背后伟大的生命透过他们把你带到这个世界上。你的生命是独一无二的。请记住，它是那么珍贵，你要懂得珍惜。爸爸妈妈之间的事，那是他们之间的事，你要尊重。你的义务、你的责任就是带着这个珍贵的生命往前走，创造属于你自己的人生。"

解说：学会尊重秘密

一个不被家庭秘密伤害的方式，就是"带着深深的尊重"。

如果我们能给予孩子充分引导，让他懂得尊重这个秘密，是能够让孩子安然度过青春期的。这个世界上有许多孩子不知道自己的爸爸是谁，我就认识几个，包括一个心理治疗师。他妈妈一直到弥留之际都没有告诉他这个秘密，但他尊重妈妈的这个决定。到现在，他结婚生子，事业也很好。

我们来思考一下：我们做父母的是真的拥有我们的孩子吗？孩子真正的父母是谁？是更大的生命之源透过我们把孩子带到这个世界上。所以在某种意义上，作为父母的我们，只是背后这个更大的生命、更大的宇宙能量的媒介。对于每个孩子来说，不管父母是谁，他们的生命都来自那个宇宙更大的生命力。每个孩子的人生都是一个很特别的过程，这个过程需要去经历和学习。当遇到我们不知道的秘密时，我们要保有一份尊重。只有带着这份尊重，跟这个秘密和平相处，它在适当的时候才会自己敞开，甚至可以成为支持我们的力量。

生命的源头，没有人知道是什么，那是我们所有人的父母，无以名之，先贤老子强为之名，说是"道"。然而最特别的是，我们无法直接从这个强大的生命力量中诞生出来，只有透过我们的父母，我们才得以拥有生命，如同他们也只有透过他们的父母才能来到这个世界。上上一代也是一样，每个人的父母都是他们最特别、最正确的父母。一个无法接受父母的人也就难以接受生命的馈赠，只有透过一代代父母生命的传承，我们才能联结上生命的源头，联结上"道"——而这就是生命的奥秘。

内在排列：联结生命的源头

现在，我邀请你进行联结生命源头的内在引导。这个内在引导排列会帮助我们重新联结生命源头，当我们需要支持时，无论是建立稳定的两性关系、亲子关系，或者是面对人生、事业上的巨大挑战，我们都能从中获得强大且源源不断的力量支持。

请以一个端正的姿势坐着
双脚感受大地的支持
回到你的中心
想象父母站在你的后面
想象他们的样子
在你的父母后面站着他们的爸爸、妈妈
也就是你的爷爷、奶奶、外公、外婆
再往前追溯
在他们的后面也站着他们的爸爸、妈妈
也就是你的曾祖辈

就这样
每一个人背后都站着他们的爸爸、妈妈
一代一代往前追溯

往前追溯到你的先人们、祖先们

每一个人背后都站着他们的爸爸、妈妈

在你的背后站着千千万万的祖先们

往前追溯

继续往前追溯

你可以感觉到在你背后站着无数的人们

往前追溯

继续往前追溯

最后追溯到生命的源头

你可以想象那是无限巨大的光明

金色的光、白色的光

超越时空、无限灿烂

那里是生命的源头

你可以想象生命透过光

进入你身后——你的祖先们的心

生命就这样一代一代传下来

传给你的祖先们

传给你的先人们

生命以它的原貌

不增不减

一代代传下来

传给你的曾祖辈、祖辈，你的爸爸、妈妈

最后传到了你的身上

感觉生命之光流入你的心

感觉你背后站着无数的先人们
生命之光流经他们的心
最后传到了你的身上
记住这个画面
记住

系统观读懂孩子：记住常见人际问题

争强好胜

孩子争强好胜的背后往往都是希望被看到，以得到更多的关注和更多的爱。如果家长可以引导孩子，把这样的竞争力转化为跟自己比较，孩子就会取得更大的进步。

当他跟自己比较时，家长需要更多地关注他，更多地赞赏他。这样，就可以帮助他把这种跟其他人争强好胜的比较心理，转化为一种让自己变得更好的力量。

畏缩

畏缩可能有不一样的原因，有的是孩子先天的性格，有的是后天养成的，还有的是因为孩子承接了家族的一些恐惧情绪和不安全感。

被欺负

被欺负的孩子主要有两种类型。一种是比较弱小，没有安全感，缺乏自信，很焦虑、忧虑。这样的孩子一般都比较爱哭，身体比较瘦弱，感情比较脆弱，很容易被人欺负。另外一种是因为他的言谈举止令人讨厌。这样的孩子常常情绪不稳定，烦躁不安，也不太懂得与人交往的技巧。他说话的时候该停停不下来，很容易让对方觉得受到挑衅。这些孩子常常先惹怒别人、嘲笑别人，在激怒别人之后，被人报复，乃至被欺负。这两类孩子，不管是哪一类，都要学习人际交往的技巧。他们要学会在被欺负的时候保持冷静，保护自己，不要反应过大，同时也要懂得尊重自己。

父母的身教也很重要。父母在生活里要避免说别人的闲话或嘲笑别人，因为孩子的言行举止其实是默默学习父母的结果。所以我们要反观自己的言谈举止，教给孩子处理人际关系的技巧，让孩子掌握与人相处的分寸感，知道什么是可以做的、可以说的，什么是不能做的、不能说的，孩子的人际关系就不会出现太大的问题。

爱欺负弱者

爱欺负弱者的孩子通常是因为心里非常压抑，需要通过欺负别人来获得关注。他们需要被爱、需要有归属感，但他们往往没有得到这份归属感，于是他们无法控制自己，只能通过欺负别人来逃避内在的空虚感。

这样的孩子，通常家庭背后有许多的冲突与暴力。比如父母之间发生冲突、离婚，或者家族里面有一些伤人、杀人等事件，或者有许多的情绪在这个家没有正常地流动。

家有儿女 Q & A

Q：我家孩子很容易被别人嘲笑，到哪里都被嘲笑，被同学嘲笑、被不认识的人嘲笑，坐个公交车也会被嘲笑。我真的是没办法了。

A：孩子的确有一些行为可能会被嘲笑或被戏弄，但很多时候，这些嘲笑或戏弄是可以避免的。你要帮助孩子区分哪些行为是他能够避免的，哪些是他没有办法改变的。

比如，如果你的孩子因为长相而被嘲笑，那是他无法改变的，但你仍然可以教他用一些方式应对那些嘲笑，比如用幽默的方式先声夺人："好看吗？再看要收钱喽！"但如果因为他的某些行为习惯或者卫生习惯而被嘲笑，他是可以自行改善的。请参考本章的练习，多和孩子进行角色扮演，找出孩子觉得适合他的应对方式。

如果你的孩子在任何地方都被嘲笑，那就要好好去思考、去面对，身为父母的自己是不是做错了什么，承认自己的错误，从中吸取教训，继续往前走。如果别人对孩子的嘲笑和戏弄确有原因，我们就要帮助孩子从他的错误中学会成长。你可以教孩子对嘲笑他的人说："是的，你说得对，下次我会改正。"你要鼓励孩子，让他学会去真正面对一些事实。这样孩子就能够进步，他的自信和自尊也会不断地得到提高，在人际关系上也会越来越成熟。

Q：我的孩子非常孤僻，从小到大，到哪里都独来独往。老师跟我说，他在学校几乎没有朋友。我有时甚至担心孩子会不会有社交恐惧症。

A：首先，你要了解孩子的心理状态，要找机会真正进入孩子的内心去深聊，这对你来说非常重要。如果你都没有办法成为孩子的朋友，他又能通过什么途径去交自己的朋友呢？所以，让自己成为孩子第一个可以交往的朋友，这是孩子人际关系很重要的一步。

同时要考虑到，在你们的家庭里面，是否受到过去系统能量的影响。比如，这个孩子是不是你们唯一的孩子，在他的前面或后面是不是有一些小孩没被生下来，或生下来被送走了。通常有这样状况的家庭，留下来的那个小孩会特别容易感到孤单。他会比较腼腆，不懂得怎么跟人交往。

了解了孩子的心理状态，调查了家族系统的能量后，我们要做一些调整。调整之后教给孩子一些具体的与人交往的技巧，去帮助孩子交朋友。你们可以通过角色扮演的方式与孩子练习如何交朋友。

你们可以与孩子讨论，他为什么没有办法融入其他孩子当中，出现了什么问题。了解这些情况后，再做一些角色扮演排练，让孩子学会与人互动的技巧。之后，你们要教孩子如何观察身边的伙伴，看一看这些人里面哪些是看起来比较友好的，并优先选择与友好的人交朋友。再者，教孩子等待合适的时机加入其他孩子的游戏。

在进行角色扮演的过程中，你要尽可能细致地为孩子做示范，让他能够准确地理解这个过程。平时也要让孩子自己多练习，并且给予其正面积极的回馈，让他更有自信心去面对这一切。同时，引导孩子自我觉察，实时改进自己的行为和态度。

Q：我家孩子才 10 岁，在学校跟老师顶嘴，各种硬碰硬。我经常被叫到学校挨老师的训。孩子打也打了、骂也骂了，都没用，真不知道该怎么办？

A：跟孩子聊一聊，看他到底发生了什么事，不要只是打和骂。孩子不是一天就变成这样的，根据你的描述，你的孩子的内在似乎有一些愤怒的情绪被压抑着。我们要反观自己，孩子会变成这样一定是由家庭里面的点点滴滴导致的，要"行有不得，反求诸己"。

通常孩子出现这样的问题是由两个因素导致的。第一个就是家庭教育，也就是父母自己的身教，尤其是夫妻之间的关系。夫妻之间有没有尊重彼此？双方关系是不是平衡的？如果一方比较强势，另一方比较弱势，或者存在一方欺负另一方的情况，孩子往往会承接被欺负一方的愤怒情绪。他可能没有直接在家里发泄出来，而是把这个愤怒带到学校，对老师或同学发泄出来。

第二个是承接来的情绪。在家族里面如果有一些事情没有面对，这些事情也会给孩子带来莫名的情绪。所以，我们要去探索，家族里面是否有什么没有被面对的事情。总之，我们要反观自己，认真去调整。这样对孩子才会有正面的帮助。

Q：我有时候怀疑我的孩子没有同情心。他经常喜欢戏弄那些比他弱小的同学。如果是两三岁还可以说是不懂事，但他现在都14岁了还这样。他们班有个同学手有点残疾，有次他竟然故意把这个同学锁在教室里两个小时，害得这个同学连午饭都没吃。

A：你要重视孩子的心理，因为他似乎不了解他所做的事会带来什么样的后果。你要帮助孩子意识到问题的严重性，并让他理解，如果别人也这样对待他，他会有什么样的感受。

你要帮助孩子设立界线，但不要用长篇大论去说教。仔细想想你们家到底发生了什么事，家人之间有没有很好地沟通，彼此之间有没有压抑的情绪，因为你孩子的这些异常举动似乎是在释放他的某些愤怒和攻击性。你要去寻找孩子情绪和行为背后的能量。

你还要去了解在孩子的成长中，是不是曾经被别人欺负过；或者他心里面有什么样的心结、不安、无助是需要通过戏弄同学而发泄出来的。

引导你的孩子把他旺盛的活力与聪明，以健康的、阳光的方式释放出来。比如，给他安排一些体育活动，田径运动、各种球类、跆拳道、舞蹈等。有机会的话，让他结交一些好的朋友，把他的能量往正面的方向引导。

如果做完这些，孩子的情况还是没有改善，甚至恶化的话，那就要寻求专家协助。尤其要探索家族系统的动力，还有他的内在心理状态，更深入地去了解他、引导他，让他朝着好的方向发展。

Q：我家孩子就爱跟坏孩子玩，什么考试不及格的、上学老迟到的，他的朋友都是这种，一个成绩好的孩子都没有。我越不让他跟那些孩子玩，他就越跟他们走得近。

A：当孩子在家里没有得到归属感的时候，朋友对他的影响就会变得很大，因为他在朋友那里可以得到一种归属感。这时候，他所交的朋友带他做什么他就会去做什么。对青春期的孩子来说，朋友的影响是巨大的，甚至会影响孩子的判断力。如果是这种情况，父母就要好好反省自己，要让孩子在家里感受到温暖、感受到归属感。爸爸、妈妈都要跟孩子有一份联结。当孩子从家里得到了这份归属感，外面朋友对他的影响力就会降低。

第二步就是协助他多交几个好的朋友。当孩子完全从少数朋友身上，或者一个小团体身上去寻找归属感的时候，他们对孩子的影响就会变得很大。多交一些其他朋友，让这些坏朋友的影响被分散。待孩子有了自己独立的判断力，他便可以分清好坏、对错了。

▶ 练习1
教孩子交朋友，加入新团体

对某些孩子来说，要交朋友很容易，而某些孩子则不然，他会用一些不太恰当的方式去试图加入一个新团体。以下提供一些方法，让你帮助孩子更有效地加入新伙伴当中。

第1步：观察、等待、判断。先看他们在做什么，说什么，以判断和选择可以加入的团体。那些安全、友善、公平、相互合作的团体是可以加入的；反之，玩危险游戏、野蛮、不友善、没有合作精神的团体就不要加入。

第2步：寻找友善的面孔。如果能找到一些友善、面带微笑、容易接近的孩子，那么你的孩子就比较容易按照自己的步调加入这群孩子里。

第3步：预先想好如何接近。可以问："我能一起玩吗？"有的孩子什么都不说，只是跟着大家一起玩游戏。父母不用刻意让孩子做自我介绍，孩子们一起玩过、慢慢熟悉之后，就会彼此了解，顺利加入群体了。

第4步：让孩子自我觉察，理解伙伴们对他的看法。每次他和伙伴们社交活动之后，你可以与孩子回顾讨论他的感受和表现。

第5步：和你的孩子用"角色扮演"的方式练习以上技巧。有个小技巧是，当你和孩子做"角色扮演"的练习时，可以互换角色，将孩子的表现展示给他看。这样可以有效地帮助孩子看到他的行为对别人的影响，对改善他的自我觉察能力有很大的帮助。

第6步：给予孩子正面的、建设性的回馈。不要用打击孩子的语气评论孩子，比如："如果你老是用这种方式和新伙伴玩，没有人会想跟你玩！"要多用正面描述，比如："××（孩子名），我看到你很有勇气地接近那些小朋友，我喜欢你用友善的语气表达你想和他们玩的念头。"在这之后，再提出建设性的意见："下次你可以面带微笑地看着他们，不要看地面，这样他们一定会更欢迎你！"

▶ 练习2
如何面对其他孩子的嘲笑戏弄

首先，和孩子一起讨论关于他被嘲笑或被戏弄的话题。不要简单地告诉他"不要在意别人的嘲笑"，这样是没有任何实质性的帮助的。你要花一点时间，在他状态比较好的时候，找一个没人打扰的空间，带着耐心和同理心，以平和的心态与他讨论这件事。如果你的孩子没有立刻回应你，或者他否认所遇到的困难，那你可以告诉他："你什么时候想跟我说，随时都可以告诉我。"要让他从你这里感受到支持。

当他告诉你一些事情的时候，专心地听他说，不要过多评论，或者表现出自己的难过。你可以保持一个平和中立的态度去了解发生的事情，但不要急着给孩子提供解决办法。

得知自己的孩子被嘲笑和戏弄，你心里会很难过，甚至想要马上去制止。但有时候，你的介入并不会解决问题，更重要的是你无法教会孩子以后如何应对别人的嘲笑。在漫长的人生旅程中，孩子可能会遇上各种各样的事情。如果我们能教给孩子一些方法，让孩子学会自己处理这样的嘲笑和戏弄，那么，势必会对他的成长有更大的帮助。

我们可以做一些简单的练习：

第一，角色扮演。你可以扮演嘲笑与戏弄孩子的人，与孩子一起找出一些应对方式。

第二，一笑置之，忽略对方，迅速走开不理睬。因为在回应之后，孩子们经常会忘记要立刻走开，他们往往还在等待对方的回应。这样做很容易会让嘲笑继续下去。你要提醒孩子在反击之后必须走开，这样他就能够掌控主动权。

第三，给嘲笑者一个很冷漠的脸色，表现自己的自信态度后走开。

第四，学会一些反击的话语，说完之后立刻走开。例如：

"对啊！"

"真无聊！"

"是这样啊！"

"真的吗？那又怎么样！"

"真无聊，这些我都知道了。"

"有好玩的事再告诉我吧！"

"该说的你都说了，我还有什么好说的。"

教孩子用幽默反击嘲笑，这并不代表要让孩子反过来嘲笑或激怒对方，而是要削弱嘲笑者的力量，让嘲笑者看到嘲笑并不能使对方感到难过。

第五，寻找有大人的场所。被嘲笑的时候，告状通常不是好的解决办法，除非孩子被欺负或受到伤害。因为爱告状通常又会成为被嘲笑的原因。但有一个好方法是，让孩子去寻找有大人在的地方玩，例如在老师附近玩耍。因为如果有大人在场，嘲笑者通常不得不中止嘲笑。而这种方式也不会让他们把你的孩子看成是爱告状的人。

第六，结交合得来的朋友，避开嘲笑你的人。鼓励孩子结交正直的、友善的、不会嘲笑他人的朋友。如果孩子有一群朋友，别人自然也就不会嘲笑他了。这也是孩子归属感的需求。

第七，如果对方太过分，要告诉老师或家长。尤其受欺负的情况较严重时，比如有肢体暴力、物品被损坏、恐吓、勒索、孤立、语言暴力或情感暴力等时，家长要考虑适时介入。

下面的漫画完整地展现了孩子交朋友和应对戏弄、嘲笑的技巧。

交朋友

1. 可以先找那些面带微笑的孩子打招呼。
   好的，妈妈，我记住了。

2. 嗨，你好，我可以跟你一起玩吗？
   当然。

3. 你那样弄不好玩，照我的方式。
   这是我的橡皮筋，我不要那样玩。

4. 怎么哭了？发生什么事了？
   我认识的新朋友不理我了，她不按照我的方法玩。

5. 如果你想让你的朋友按照你的方法玩，首先你要按照她的方法玩。想想看，如果她非要你按照她的方法玩，你也会不开心的，对不对。
   嗯，我知道了，下次见面，我要按照她的方法来玩橡皮筋。其实她的方法和我的也差不多。

面对戏弄和嘲笑

1. 嗨,小子,你怎么了?垂头丧气的。
2. 别理我,我什么都不想说。
   好吧,那你想说的时候就来找我吧。
3. (沉默)
4. 阿辉太过分了,他居然说我的眼睛比苍蝇还小!而且他一说完这话,大家都笑了,害我很没面子。
   原来是这样啊,难怪你这么不开心。
5. 嗯,记住了。他下次再说,我就不理他。
   儿子,记住,下次再遇到这种情况,你完全可以一走了之,或者对他说:"你能说的只有这个吗?"你越在意,他们越起劲,知道吗?

第六章

孩子的疾病在说什么

"妈妈,请你看见我,而不仅仅是看见疾病。"
"我爱你,我愿意陪着你,为你分担。"

看见孩子，而不只是看见疾病

相信绝大部分的人都生过病，在各种生病的过程中，疾病究竟想告诉我们什么？我们要学到什么？孩子的疾病又在说什么？

疾病不只有身体症状，还有许多其他因素，因此，需要用完整的视角去了解。我把疾病的原因分成几种：（1）生活和饮食习惯；（2）生理遗传因素；（3）心理因素；（4）性格因素；（5）家族系统因素；（6）社会集体与生态系统因素；（7）因果失衡。

前两种因素，许多专家已经有很好的研究，我们只要有觉知地生活、健康地饮食，许多病就可以避免。但是很奇怪，即使人们的头脑知道要如此，但还是有不少人选择不健康的食物或生活方式，为什么呢？其实这也是对家族的一种忠诚，遵循着家族的生活与饮食习惯——比如顿顿大鱼大肉或吃得很咸——即使这样会使人生病，但为了满足归属感的需求，人们仍会无意识地跟随；如果不做和家人相同的事就会产生罪恶感。因此，追根究底，不管是生活和饮食习惯、生理遗传，还是心理所造成的疾病，都跟家庭密切相关。

本章将以全面的角度，特别是心理、性格、家庭与家族系统、社会与生态集体系统等方面去了解。然后你会发现，这些因素对孩子的疾病有着极大的影响，尤其孩子12岁以前的疾病，受家庭的影响最大。这也是近代系统心理学家、全息医学①专家与系统排列专家们研究的最新领域。

妈妈，请你看到我

在德国，有个患脑瘫的孩子，妈妈为他的病四处奔波，很辛苦，也很忧愁。有一天，这个孩子对妈妈说："妈妈，请你看到我，不要只看到我是个脑瘫的孩子。"妈妈听到孩子的这句话后很震撼，因为她确实只看得见孩子的病，完全忽略了孩子这个人。于是，这位妈妈认真地看着孩子的眼睛，一字一句地对孩子说："孩子，你是我的孩子，在我眼里，你不是什么病人，你只是我的孩子。"片刻后，孩子也松了一口气。

当孩子生病时，请父母调整好自己的角度、心态，不要只看到他的病，还要看到孩子，看到他们的灵魂，他们纯真的样子。如此，才不会放大病症，而是能真正看见孩子的全貌，一个完整的人。如果我们能从"病症"到"人"，再到"天赋特质"，一步步看见孩子，就会发现他是一个活生生的人，一个纯净的人，一个有着纯净的心与灵魂的人。

有一次，我和一位患有癫痫症的孩子互看。在此之前，他的妈妈一直强调孩子的情绪问题，也一再提到他的病症，我打断妈妈，问她："除此以外，你还能看到孩子的什么？"妈妈说不出话，于是我就为她做了一次示范。我跟孩子面对面，彼此认真看着对方的眼睛。我们相视的时间只有10秒，但这短短10秒，孩子被看见了，当下红了眼眶。看与被看，其实都是心灵的释放。

---

① 1981年，中国学者张颖清教授创立"全息生物学"，指出生物体的某个局部能反映整个生物体的信息，此观点在海内外引起极大反响，也为古典中医的许多观察结果做了绝佳的注脚。

这个孩子之所以会被感动，那是因为他心里知道：我"这个人"终于被看到了，而不是我的病。当我们能先看见对方，再回到病痛中，就能对彼此多一点体贴和理解。

每个孩子，不，应该说是每个人都需要被看见啊！如果没被真的看见，人活着就会觉得价值感变低。所以，真诚地去看你身边的人的双眼，让他们知道"我看到你了"非常重要。

我爱你，我愿意陪着你，我愿意为你分担

我观察到，很多时候孩子的疾病反映着家庭系统里面发生的某些事件。因为孩子不知如何应对，于是就在潜意识里透过身体表现出来。比如经常争吵的家庭中，孩子看见爸爸、妈妈吵架，他的内在想帮助父母和好，但又不知如何做，于是他就生病了。因为他的潜意识发现，只要自己生病，父母就不吵了。我遇到过许多生病的小孩，并且发现在这些孩子的疾病背后，往往有着想要表达给父母的心声，反映着家族系统要告诉我们的事。因此，父母真的要认真反省自己。

著名企业家王永庆先生建了一所大型儿童医院，叫长庚医院，他们连续 6 年都邀我去医院为患儿与家长们授课。长庚医院有个坐着轮椅的小女生，她大概 10 岁左右，笑起来很可爱，因为双脚突然无法行走而住院。可是，医院一直查不出原因，医护人员们虽然尽心地照顾她，但这个孩子依然无法离开轮椅。更奇怪的是，她先前没有发生过任何意外，也没有得过什么重大疾病。

当我在辅导这个小女生时发现，她无法行走的问题跟她的父母有关系。小女孩的爸爸在她很小的时候就过世了，但妈妈一直不愿意面对丈夫过世的事实。于是，生活上出现任何状况，妈妈的身心乃至生活就全部停摆，困在低潮里，怎么也没办法往前走。这样的情绪一路累积，于是孩子也没有办法走路了。

走路是什么？是往前走！可见，心理因素也会影响身体。妈妈无法接受丈夫的过世，孩子也跟着无法接受。妈妈没办法往前走，孩子的内心深处想帮妈妈承担，于是就生了一个"无法走"的病。

我提醒妈妈，如果她不能面对丈夫离去的事实，这个家就无法前进，孩子也不敢行动。内心的改变需要勇气。在排列中，妈妈一直不愿意看向逝去的丈夫。我让全场的伙伴一起，手牵手，给她一种鼓励的能量，直到妈妈终于愿意接受丈夫的过世。她终于将压抑的情绪释放出来。

就在妈妈愿意面对丈夫过世的同时，孩子的身体也有了反应，她在我们的搀扶下慢慢地向前走。最后，她终于走到爸爸的代表身边，陪着妈妈一起面对爸爸的过世。要知道，在这之前，孩子从来不愿意离开轮椅——她就一直坐着，直到妈妈愿意看爸爸，愿意接受爸爸的过世……

为什么妈妈不愿意表达这份失去丈夫的悲伤？因为如果表达这份悲伤，她就要让她的丈夫真正离开了。但不这么做就违背了事实法则与流动法则，让整个家的情绪滞碍不前，就像冻结了一样；孩子在不知不觉间承接了这种冻结的情绪，最终生出了这种无法行走的身心症。这种身心症往往从身体层面是查不出原因的。那天，妈妈第一次真正表达出对丈夫过世的悲伤。她的情绪流动了，创伤也开始被疗愈，生命力重新开始流动，孩子身上冻结的情绪与生命力也开始流动。

小孩的疾病是一种爱，一种盲目承担的爱。

"多动"孩子的背后,是充满争吵与冲突的家

这位母亲,名叫宝丽。她说儿子把自己关在房间里,不跟任何人说话,要他出房门吃饭,他也不肯,这种状况已经持续了好几个月,作为母亲的她一直焦虑不安。她甚至为了孩子辞去工作,留在家里全心全意照顾他。

因为父母长年在外工作,这孩子从1岁开始就被送到外公、外婆家,直到要上小学了,才被父母接回身边。上学后,这孩子经常被老师批评注意力不集中、行为不规矩等,因此,宝丽常常被叫去学校。一开始孩子只是逃课,最后却演变为休学在家。小学五年级时,孩子被医生诊断为"儿童注意力不足多动症"。

听完宝丽的这些叙述,我问道:"孩子的外公、外婆关系怎么样?经常吵架吗?"

"他们关系一直都不好,常常吵架。"宝丽毫不犹豫地回答。

"那你和丈夫的关系怎么样?"

听到这个问题,宝丽有些犹豫,似乎有意回避,看得出来,她与丈夫也常吵架。她解释道:"因为儿子状况不断,所以我们也一直都在努力修复夫妻关系。"

孩子想集中精神,他想让自己安静下来,但没有人允许他这么做。上学前是每天看着外公、外婆吵架,不知道该怎么办;上学后,又是爸爸、妈妈每天吵架,他更是不知所措。家里的人都

是对立的双方，一会儿要听外婆的，一会儿要听外公的；爸爸、妈妈也一样，没有统一、和谐的时候。在这种状况下，孩子永远不可能集中注意力。

"那你丈夫的原生家庭状况怎么样？有发生过什么重大事件吗？"我问道。

"我丈夫的大哥16年来一直待在家里不出门，我儿子现在的状况跟他大伯一模一样。我丈夫的爸爸，也就是孩子的祖父，是被抱养的。丈夫的祖父，也就是孩子的曾祖父，是被人杀死的。"

了解了孩子父母原生家庭的诸多情况后，我们进行了家族系统排列，排出孩子、父母、大伯、祖父、曾祖父，还有加害者。在排列过程中，我看到孩子的情绪一直都很激动，很害怕，大声喊叫。他一直想要保护曾祖父，对加害者非常恐惧。

透过这个排列，我们看到了家族中谋杀事件对家族成员的巨大影响。而这个家庭里又包含了一种更分裂的对立，受害者与加害者之间的对立。唯有消除这些对立，才能够帮助孩子保持安稳的情绪。在我的引导下，随着曾祖父与加害者之间的和解，孩子的情绪逐渐平复、安静下来。

排列结束后，我给了宝丽一些关于和解的建议："你要陪着你丈夫，带着儿子，一起为过世的曾祖父及加害者做些有纪念意义的事，祝福他们安息。还有，你要常常牵着丈夫的手跟儿子说话，让他可以从同一个方向看到父母站在一起。最重要的是，你们对孩子的管教要先达成一致，就算一开始意见不同，也要经过讨论后达成共识，并且贯彻这个共识，确保用同一种方式教导孩子。这些父母和谐、统一的画面，都可以帮助孩子稳定情绪，提高注意力。"

"好！我一定会去做的！"宝丽肯定地点头。

两周后，这位母亲写了一封信给我和当时与她一起上课的伙伴。信上写着："亲爱的家人们，一天愉快！今天，我们终于和儿子一起出门了！长久以来，儿子把自己紧锁在房间里，不出门、不说话、不吃饭、疯玩计算机，让我近乎绝望。但是，万万没有想到，这次工作坊的课程结束后，儿子居然同意和我们一起出门了！这让我感到很意外。想到在周老师和家人们共建的场域中，儿子（代表）与家族里冲突的双方、谋杀的对立方达成和解时，情绪逐渐由激动转为平静安稳，这让我很有感触，也很感动。

儿子出门后，虽然没有说话，但是我们能感受到他内心的感触。而且，儿子还和我们一起去见了外公、外婆。7岁之前，他都是在外公与外婆不停的争吵中长大的，他已经有8个月没去看外公、外婆了，实在没有想到这次他真的同意去了！

在我心里，无论怎样努力都无法抱住爸爸和妈妈，今天我做到了。我向爸爸道歉说：'爸，我错了。'昨天与爸爸和解的过程中，我突然间发现我不再恨我的爸爸。我可以抱住我妈妈了，我还亲了她一下。四十多年了，我从来没有过。过去我总感觉自己没有妈妈……"

解说：家里谁在生病

不少家族遗传性疾病，比如过敏性气喘，并不是家族里所有的孩子都会遗传。什么样的人会遗传到家族疾病呢？我发现，一种是小时候体弱，但长大后却成为家族里面的英雄的人；另外一种是特别受家庭宠爱，得到这个家最多的爱的人，所以也需要为这个家承担最多。看得出来，遗传家族疾病的孩子，他们对家庭更忠诚、更愿意为这个家承担。

其实，孩子可以用不同的方式来与这个家庭联结，而不是生病。他们可以用一种更健康的方式来遗传、联结这个家族好的基因。

我有一个小学员，10岁，过敏性皮肤炎，虽然一直治疗，但是反反复复，总是治不好。在工作坊，我引导她与爸爸的优点联结。我问她："你像你爸爸好的地方是什么？你想五个。"她说："我跟我爸爸一样，都有想象力、幽默、做事很有热情、人缘很好、很有创意……"当我为她做完个案支持之后，很久都没有进展的治疗一下子有了变化。同样的治疗处方，不到两周，她的过敏性皮肤炎好了很多；两个月后，皮肤竟然完全恢复到正常状态。

孩子会敏锐地感觉到家里的状况，并以身心的变化反映出来。孩子的疾病是在说："我们家违背生命运作的法则了！"这时候我们要做的，不仅是解除孩子身上的病痛或症状，更要看到自己需要调整什么，我们这个家要学到的是什么。唯有如此，疾病才不会生得不明不白，我们所受的苦、所付出的代价才变得有意义。如果没学会，下次可能还会出现。真正的康复意味着我们与生命运作的法则和谐一致，我们再次与生命的大力量和谐同行。

爱阻塞，所以心也阻塞

接下来，我们来看更大的系统，社会集体系统也会对孩子产生极大的影响。当身处某个社会集体中，我们往往难以察觉到这些集体观念对我们的影响，最典型的就是重男轻女。有些人头脑里知道它是不恰当或不公平的，却不知不觉跟着做，这就是对集体系统一种无意识的盲从。说穿了，这也是人们对集体系统的归属感需求。就像许多女性自己曾深受重男轻女之苦，但也这么对待自己的儿女。以下就是一个实例。

我在新加坡的工作坊曾经来过一对母女，妈妈心脏不好，曾经因为心脏堵塞做过两次心脏手术。医生告诉她，可能需要进行第三次心脏手术，但这次手术可能危及生命。女儿阿霞也有自己的问题，她体重超重，心脏不好，跟弟弟相处也不融洽。她觉得妈妈偏爱弟弟，所以什么事情都要跟弟弟争。

课堂上，我让代表把妈妈与女儿的关系排出来，两个人离得远远的，阿霞明显对妈妈有很多情绪，妈妈也不太愿意看女儿。似乎是妈妈的问题引发了阿霞的问题。

"你的家庭怎么样？你跟妈妈的关系怎么样？"我问妈妈。

"是指生我的妈妈吗？"

"是。"我点头确认。

一提起自己的亲生母亲，妈妈柔和的脸部线条紧张了起来：

"我家有三个孩子,哥哥、弟弟还有我。小的时候家里面很穷,我爸妈特别重男轻女,他们留下了哥哥和弟弟。"说到这里,妈妈抿了抿嘴,"他们把我卖了。卖到第一个家庭,那家人嫌弃我长得丑,又把我转卖到第二家。那时候,我很恨我的爸爸、妈妈,我心里有一个愿望,希望长大后拿一堆钱砸到我爸妈脸上……"虽然妈妈竭力使自己的声音保持平静,但拿着麦克风的手却在微微发抖。

我在场中加入了妈妈的亲生母亲——阿霞的外婆。外婆一上场,妈妈立刻转过来,把后背留给了自己的母亲,她根本就不愿意看母亲。阿霞的外婆只能无奈地看着自己的女儿。

我问妈妈:"收养你的那户人家,他们的家庭状况怎么样?"

"养父母经济状况不错,他们对我很好。所以我后来的生活,包括经济状况,都越来越好。我接受了很好的教育,组建了自己的小家庭。我跟丈夫的感情也不错,还生了一对儿女。"

"那留在家里的哥哥和弟弟呢,他们的生活状况如何?"我又问。

"他们过得还凑合,当然都没有我过得好。"

"依你看,你妈妈为什么把你送到别人家里?"我要引导她看到事件表象背后的深意。

"因为我是女孩。"

"不不,不是的。"我连连否定,"是因为你妈妈想要你活下来。你妈妈想让你在一个富裕的家庭里生活下去。而且,她办到了。你不但活下来了,而且生活得很好。"我顿了顿,留一点时间给她思考,接着说:"你看看你现在的人生,跟两个兄弟相比,是不是不一样?你妈妈是为了让你活下来才这样做的,你看到妈妈对你的爱了吗?"

妈妈听了我的话，若有所思地点点头。我继续问她："当你被送走后，是不是减轻了他们的负担？"她又若有所思地点点头。

我说："这也是你对他们的爱。"

当母亲对她的爱，还有她对父母的爱重新被看到，"她被送走"这件事就不再是一种遗弃与排斥，而是一种彼此间爱的表现。终于，她开始慢慢转身，面对她的母亲，眼眶有点泛红。

几十年过去了，她终于愿意看一看她的母亲了。

接着，我对她说："你知道心脏病代表着什么吗？心脏病代表着心中的爱没有办法流动，心中的爱阻塞了。事实上，你是爱妈妈的，但是你的爱阻塞了。就如同你的女儿阿霞也是爱你的，但是她的爱也没有办法流动，所以她心脏也不好。你想要你的心脏变好吗？你想要你的女儿也跟你一样，未来需要做心脏手术，甚至危及自己的生命吗？"

妈妈立刻坚定地否认："不，我不要！"

"那今天是个很好的机会。你好好看看你的妈妈。"我温和地看向她，让她感受到我的支持。在我的引导下，她一声声地叫着"妈，妈，妈……"她的眼眶越来越红，越来越湿润。

"看着你的妈妈，走向她。"我再次引导。

几十年的阻塞、几十年的习惯性仇恨让她的每一步都变得艰辛无比。她的脚似乎有千斤重，完全无法抬起。场中的伙伴们都站了起来，手牵手，为她加油。好几分钟后，她似乎感受到了大家的力量，开始慢慢挪动自己的脚步。

一步、两步、三步……她一点一点地向母亲靠近，尽管非常缓慢。是的，无论有多少仇恨、误解有多深，爱才是解开千千心结的唯一密钥，没有什么能阻碍我们对爱的呼唤。

"妈，妈，妈……"阿霞的妈妈一边喊着，一边抱住了自己的母亲，泪水在脸上肆意纵横。几十年了，她从来没有叫过亲生母亲"妈妈"，她用仇恨掩饰着自己对这份爱的强烈渴求。现在，这份爱终于流动了。

阿霞的外婆抱着女儿，泪流满面地说道："对不起，对不起……妈妈非常想念你，妈妈也是爱你的……"

在拥抱中，阻塞了几十年的爱终于流动了。她们抱在一起将近10分钟。10分钟后，她们才慢慢分开，看着彼此的眼睛。在我的引导下，阿霞的妈妈对自己的母亲说："妈妈，谢谢你让我活下来，我接受我的命运。妈，现在请你也重新接受我做你的女儿，请你重新看到我是你的女儿。"

阿霞的外婆看着她，重新拥抱她："是的，我接受你，我看到你了。你永远是我的女儿，我爱你。"说完这段话，两个人再一次相拥而泣。

在这个过程中，一直站在一旁的阿霞也慢慢靠近了她的妈妈。妈妈感受到阿霞的动作，转过身拉着阿霞的手说："女儿，对不起，现在妈妈看到你了。过去妈妈因为重男轻女而受苦，但是我自己也用重男轻女的方式来对待你。女儿，对不起，今天妈妈终于明白了，我的妈妈是爱我的，而我也是爱你的。女儿，对不起，我爱你。"

听了妈妈的话，阿霞的眼泪一下子就流了下来，她紧紧地抱住妈妈，对她说："亲爱的妈妈，谢谢你接受我是你的女儿，谢谢你愿意接受我是一个女孩。"

我知道，这三代人的爱在拥抱和啜泣声中，流动起来了……

半年后，妈妈带着阿霞来看我。妈妈的气色很好："老师，非常感谢你，医生告诉我，我的心脏不用再做手术了，它现在运转得很好。阿霞也变得苗条了，而且她跟弟弟的关系也有了很大的改善。现在她更懂得怎么做一个姐姐,而弟弟也懂得尊重姐姐了。谢谢老师。"

解说:重男轻女,从来无人从中获益

很多女孩在妈妈肚子里就不被欢迎,这真是一件不好的事情,会让女孩有自卑感,使她不认可自己的性别、不认可自己的存在。长大后,她与男性在一起的时候,也会觉得自己天生就差一些,造成很多夫妻关系的失衡。

因为自卑,女性会拼命证明自己的价值,压抑女性阴柔的能量。她觉得自己必须变得跟男人一样才是强大的,她不接受自己的女性特质,成为女强人、很阳刚,甚至比男人更阳刚。这种对女性特质的否定会经常引发女性疾病,比如乳腺、子宫等器官的病变。

其实男性也并不会从重男轻女的观念中获益。当男孩成为这个家庭的"王子",他享受了更多的关注,但同时意味着他必须为这个家承担更多。这样的男性,一种是成为家里的英雄,承担过多的家庭责任;另外一种情况是,他不堪重负,压力让他喘不过气来,他变得脆弱不堪,甚至没有办法养活自己。

因此,我们一定要改变重男轻女的状况,我们可以在心里对我们的爸爸、妈妈与长辈说:"亲爱的爸爸、妈妈与长辈们,我尊重你们重男轻女的观念,但是请你们祝福我;如果我用我自己的方式爱我的孩子,请你们祝福我;如果我不再用重男轻女的方式对待我的孩子,请你们祝福我。"

战争创伤对后代影响有多大

接下来，我们谈谈社会集体系统中发生的重大事件，例如战争、饥荒、大迁徙等，对孩子产生的巨大的影响。我们以为，祖辈们的人生无论是波澜壮阔还是平淡如水，都不会对我们的生活产生什么影响。其实不然，祖辈们的经历不仅对后辈们有影响，有时候这种影响还是非常巨大的。

有一对父女，他们感情很好，却经常发生莫名的剧烈争吵。后来我了解到，奶奶因为历史的争斗事件悲惨地死去，这件事对整个家族而言是难以接受的不幸。这个过去的加害与被害尚未和解的冲突情绪，被后辈们承接了，被这对父女承接了。他们两个，一个认同了受害者，一个认同了加害者，所以经常发生剧烈的争吵。过去集体系统中的对立冲突重新在他们家上演。

如同孩子是家庭的镜子，许多经历过社会重大历史事件的家族，也会反映出社会集体系统的隐藏能量。

有位叫赵庆的学员参加了我的课程。她困扰于两个孩子严重的尿床问题。大儿子已经小学五年级还经常尿床，刚上小学三年级的弟弟也常常尿床。

"在你的家族中，有没有发生过什么重大事件呢？比如与战争有关？"我问道。

她回答："我的外曾祖父曾经是高级将领，在一场战役中，由于他的指挥失误，除他之外，他的部属全都遭遇不测。"

"这是一个重大事件，牵扯了许多人，影响到很多家庭。当时，那些部属被杀死时一定非常害怕和恐慌！人们在过度惊吓时可能就会小便失禁，也许你两个孩子的尿床正是分担着这个惊吓的创伤。"

"我不明白，为什么我的孩子会受到他们的影响？"赵庆问道。

"因为你的外曾祖父对他的部属们有所亏欠，他的决定让这些人陷入惊吓并且丧命，而且他们每个人的家庭也因此陷入惊吓。但你的外曾祖父活了下来，并有了你们这些后代，你们家族因此受益，这是一个严重的失衡，所以你们家族就承担了这些失衡的后果。于是，你的孩子们就分担了这个惊吓。"我补充道："像这样一个严重的死亡失衡事件，往往会影响好几代人。反过来说，如果祖先们有崇高德行，令人尊敬的祖德也能庇荫子孙，甚至流芳百世。"

赵庆若有所悟地点点头。

我望了望她脚上穿的长靴，问道："你有没有注意到，你的这双靴子很像士兵的军靴？这种靴子，在我们这里应该不太常见。"

赵庆愣了一下，露出惊讶的表情。

我让她把靴子脱下，放在她的面前，并请在座的学员中，所有穿靴子的人脱下靴子借给赵庆，让她把这些靴子排成整齐的一排。

"这一排靴子，代表着那些因你外曾祖父而死掉的将士。你可以想象一下，当时他们即将被杀死时的感受，那一定是非常惊恐的。现在，请你带着尊敬与爱，向他们致敬与道歉，然后再把靴子轻轻地放倒，表示让他们躺下，得以安息。"

赵庆满脸的恐惧，她告诉我，自己很害怕靠近那些靴子。可以想象，那些将士们在面对枪口、大刀时，知道自己正面临着死亡，内心是多么恐惧……慢慢地，赵庆流着泪，鼓足勇气，双手颤抖着，小心翼翼地放倒一双又一双的靴子。

"战争过去这么久了，如果我们是战场上的战士们，我们最渴望的应该是回家吧！而所有家庭与孩子们最希望的应该是和平吧！"

我带领现场所有学员陪伴着赵庆，我们一起为她的外曾祖父与所有将士们祈祷，感谢战争年代所有将士们的牺牲与付出。

"所有亲爱的战士们，谢谢你们为理想而奋战，谢谢你们为这块土地付出的热血。正是因为你们的牺牲，才有了我们现在的和平年代。谢谢你们！现在，战争结束了，你们可以回家了。现在，让我们带着爱，疗愈你们的枪伤、刀伤，在心中带你们回家。现在，你们可以好好安息了！"

在场的人纷纷落泪。不知谁起的头，开始唱起来："古老的东方有一条龙，它的名字就叫中国。古老的东方有一群人，他们全都是龙的传人……黑眼睛、黑头发、黄皮肤，永永远远是龙的传人。"

大家跟着唱起来，歌声低沉而肃穆。在这里，没有战争，我们只关注"人"，我们都是"龙的传人"。唯有爱，才能疗愈战争的伤痕！爱，是宇宙间最大的疗愈力！

几周后，赵庆告诉我们，她两个孩子尿床的情况竟然都改善了。她还将自己的心得写成信寄给我们，其中有这样一段话：

"再次感谢周老师、工作人员及每一位同学，让我有机会透过孩子的尿床问题，看到这么多因战争而牺牲的士兵同胞们！我发自内心地向他们深深鞠躬并祈祷他们在天之灵能够得到安息！

我也终于明白了，为何我原生家庭的成员对宗教信仰如此坚定。我年轻时也曾经当过一年半的传教士，因为我想要把平安、喜乐带给每一个人，也常常在教会里为那些已逝的祖先执行教仪。我想，这应该与那些含冤而逝的士兵、同胞们有关吧！谢谢老师、同学们的爱！"

解说：整体法则是解决冲突的核心

面对冲突有不同的反应方式，战争是最后迫不得已才会运用的方式。就目前的状况而言，如果再发生一次世界大战，可能就没有办法留给子孙一个干净的地球了，人类已经拥有了毁灭地球的能力。

如何在冲突中学会更好地成长，这是所有人都要学习的一个课题。如果我们每个人都从自己的价值观、利益出发看待问题，那么冲突就不可避免，分裂就无法弥合。比如一对夫妻，如果彼此都坚信自己家族的信仰和传统，不去接受对方的，他们之间肯定纷争不断。当一个孩子在这样的环境里成长，直至成为某个团队的领袖，他就会用同样的方式处理事情，进而引发更大规模的冲突。父母要以正确的方式为孩子示范如何处理冲突，而解决冲突的核心就是整体法则，让接纳和包容进入解决冲突的智慧中，超越个人，看到整体。当夫妻间出现不同意见的时候，看到自己的价值观，也看到对方的价值观，真正站在对方的立场，设身处地考虑问题。所有冲突产生的原因都是捍卫自身权益，如果只看到自己，那么对方肯定是错的。有没有想过，其实对方也只是在捍卫自己的权益？只有双方都朝向对整体好的方向，通过沟通协调，才能更妥善地解决冲突。

同时，作为后代，我们不要卷入上一代的冲突和纠葛中。如果卷入了，我们很容易去站队，或变成裁判，甚至去复仇。冤冤相报何时了？尊重过去，尊重祖辈发生的事情，尊重他们付出的代价。我们不仅要同情自己的长辈，也要去祝福所谓原本的"加害者"（其实从另一角度来看，他们也是受害者），并祝福冲突里面的所有人都能得到平安。当你的视角从个体转向整体，那就是真的走向成熟了。

战争对世界所造成的影响总是深远的，只是人们很难意识到而已。幸运的是，透过系统排列，我们才有机会清楚地看到，战争中如果有严重的失衡会如何影响到孩子。此时，我们要读懂这些孩子的疾病是在告诉我们什么？这些孩子的疾病是在说："亲爱的祖辈们，谢谢你们的牺牲让我们现在能有和平的生活，现在战争结束了，你们可以安息了。"更重要的是："亲爱的兄弟们，让我们学会和平相处吧！"

对不起,我们不该恣意伤害你们

我们处处可以看到生命的法则如何影响着我们,小到个人、家庭和企业,大到社会、国家和地球。因此,我们要学会领悟生命的法则,因为生命法则就是生命运作的方式。如何领悟生命的法则?只有透过真诚谦卑。没有一颗真诚谦卑的心,是无法领悟生命法则的;唯有真诚谦卑的心,才能改变我们的命运,尤其在面对更大系统的时候。

现在我们就来谈谈更大的系统——生态系统。人类是整个生态系统中的一环,但除了人类之外,还有许多生物,因此生态平衡对整个系统而言是非常重要的。近年来,世界各国都高度重视绿色环保的议题,整个地球以及我们子孙的未来都依靠着人类意识的觉醒——一份对自然、对万物生命的爱。

爱护生命、珍惜资源,不因口腹之欲而任意杀害动物,并且适量地、不浪费地取用我们所需,是一种平衡的生活方式。但如果我们任意破坏大自然,肆意地伤害动物,或用残忍的方式杀害它们、吃不该吃的动物,不仅会带来严重的生态失衡,更可能引发大自然的反扑,动物们的报复。据我观察,这些反扑的力量有可能会落到我们自己或孩子们身上。其中因肆意杀害动物或吃不该吃的动物所引发的系统动力案例,会出现哪些情况呢?第一是孩子容易出现身心症状,第二是大人常会有不孕或堕胎发生,第三就是兄弟姐妹容易失和。除此之外,也有个人在事业上的失败等。因此,这类孩子的疾病是在警告我们:"我们要爱地球,不要再随意伤害动物了!"

以下就是一个关于孩子的特殊疾病案例。

长庚医院的儿童脑神经科资深医师每年都邀请我到医院,为她的病童举办系统排列工作坊,以配合她的治疗,家长的反应都相当好。曾经有一个个案,我印象很深刻。

一位妈妈带着她的女儿小真来到工作坊,这个小女孩已经十岁了,但是却只能发出"咿咿、咿咿"的声音,主治医生为她做了各种各样的检查与治疗,但都未见好转,我们透过系统排列去探索这孩子怪病背后的动力。

在排列场上,孩子的代表缩在角落,手抱着头,表现出畏惧的表情。我询问爸爸、妈妈的家族历史是否有发生过会令人畏惧的事,妈妈说她想不起来。我观察着孩子的表情,突然我有个灵感,我问妈妈她们家是否有吃一些特殊的动物或者有残害动物的事发生,妈妈突然间好像震了一下,她说她们娘家很喜欢吃猴脑。

吃猴脑怎么吃?我曾经看过一个影片,就是猴子活着的时候把它夹在一张有洞的桌子中间,用木槌把它的头壳敲开,然后用勺子当场挖它的脑来吃,相当残忍。因为它们的脖子被桌子夹住,只能发出"咿咿、咿咿"的声音,我联想到这个女孩小真也只能发出"咿咿、咿咿"的声音,想到这里我心里非常震惊……

我决定放手试试看,我选了几位助教老师代表猴子,这些猴子代表不知不觉靠向孩子,张牙咧嘴直扑孩子的身上,掐着她的脖子,用手敲打她的后脑勺,就好像当初猴子所受到的苦,现在从孩子身上反应出来。孩子的代表受到惊吓,缩得更紧,抱着头发不出声……

"唉!"我叹了口气,心想,难怪这孩子到 10 岁了还不会讲话,而且还常常会莫名的头痛。

这个妈妈看到当场的排列非常难过。

我感慨道:"你想要你的女儿平安健康地长大,难道这些猴爸爸、猴妈妈不想他们的小猴平安长大吗?人们因为自己的口腹之欲,却忍心伤害这些可爱的动物。唉!"

"我要怎么帮我的女儿?"妈妈问道。

"你要对这些被你们伤害过的猴子好好忏悔,回去后好好为它们的后代做一些保护动物的事。不要再伤害这些动物。"

妈妈从一开始的疑惑,到后来在这些猴子代表面前真诚忏悔,过了好一会,才看到这些猴子代表的攻击性慢慢缓和下来,但是他们一直盯着妈妈看,看他们回去之后是否真心去做。看到这整个过程,所有工作坊参与者都非常惊讶,并开始有所反思……

过了一年,我再次来到这家医院指导工作坊,主治医师告诉我,小真的妈妈回去后非常认真地配合,他们自己发愿吃素,并且主动去做保护动物协会的义工。在医师专业努力的治疗下,结合系统排列的支持,更重要的是他们家人下定决心的改变,一年后,主治医师在工作坊中报告病童的情况:"× 小真,11 岁,已经开始开口说话了。"

解说:更慈悲、更智慧的生命教育

生命是一个奥秘,我们不知道为什么会生这样的疾病,也不知道奇迹什么时候会发生,但是结合医疗与系统排列,加上当事人与家人真诚的意愿与行动,我看到许多家庭与孩子真的发生了令人感动的改变。

我们要觉悟，疾病是违背生命自然运作的结果。如果我们违背生命的运作，例如过度滥养、滥杀动物、破坏生态，也就破坏了生命的平衡法则，最后受反扑的不仅是我们，整个大自然都会受到影响。我们真的要特别重视这一点，从自身开始做起，好好爱护生命、珍爱地球。

每年我都去儿童医院为脑神经科的病童与家长工作，我发现，家里如果有肆意杀害动物、吃不该吃的动物的情况，或者家族中有一些谋杀或秘密事件，当孩子受到这类系统动力的影响时，有可能会引发一些疾病，如癫痫、自闭症、阿斯伯格症、多动症、妥瑞氏症、脑瘫等，以及一些医院检查不出原因的罕见疾病。其中癫痫是最常见的，我观察到癫痫疾病背后有两个系统动力，一是家族中的谋杀事件，二是家族中有人用电击的方式伤害动物或以此获利，比如说用电击杀鱼，这都有可能令这个家的孩子承担异常的脑部放电现象。

确实有些人从事杀动物的行业是为了谋生，那么你工作时的心态就很重要。我们在面对帮助我们生存的这些动物时，只是把它们当成生财工具，还是当成有生命的个体？我想如果能多一点点感谢的心，也许就会少一些贪婪与暴力。

听说，过去渔民捕鱼的时候，会把小鱼都放回大海。有的有机农场，会多留一块菜地，菜农跟虫子说："这十分之一是供养你们的，这十分之九是供养人类的。"结果很奇妙，虫害真的都在那留给它们的十分之一的地方，其他那十分之九的虫害就减少很多。所以要找到人与动物彼此和平共处的方式，出发点就是心态，好的心态、好的心念就会带来好的结果。反之，如果完全没有把这些动物的生命当回事，只是为了我们的贪欲而牺牲它们就不妥了，我们也就得负起这些行为的后果。

　　我不是说我们每个人都要吃素，我所说的也不是宗教，而是一种态度、一种教育，我们要有觉知地饮食、健康地饮食，不要为了口腹之欲去随便伤害动物。这是一种对生命的美的感知，一种对生态平衡的尊敬。除此之外，嘴巴的贪欲还包括浪费，比如吃饭点一桌子的大鱼大肉，最后却吃不掉就是一种浪费。

　　平衡法则，就是对生命的珍惜，对大自然的一种敬畏。这与佛家所观察的因果现象相互呼应，也与儒家所言"亲亲而仁民，仁民而爱物"相互共鸣。因为我们对孩子有爱，我们也要将这份爱推及万物，这是一个天地万物的平衡法则，我们希望万物怎么对待我们的孩子，我们就怎么对待万物。身为"万物之灵"的人类是这个地球上的奇迹，因为我们学得很快，我们愿意成长改变。当面对一切生灵时，如果我们能变得更慈悲、更有智慧，这就是一种灵性的提升，这就是一种生命教育。

内在排列:对世间万物的祈祷

除了对彼此有爱之外,人越成熟,对大自然就越敬畏,对万物就越有爱、越有慈悲心。孩子天生就有慈悲心,往往是成人使他们的慈悲心蒙尘。在这方面,我们反而要向孩子学习。

目前的我们是非常富裕的一代,资源丰盛,物产丰富,但许多时候我们不懂珍惜,肆意浪费。我们享了太多福,多到快要把孩子们的福也消耗掉了。所以,为了我们的下一代,我们有责任去多做一些珍爱生命、保护环境的事。如果我们再不加强行动,孩子们就只能在电视里、画册中看青蛙和蝴蝶了。

所以,现在让我们一起来为曾被我们伤害的动物们祈祷祝福:

想象着,前面有各种各样的动物
牛、羊、猪
鸡、鸭、鹅、鱼、虾
鸽子、兔子、青蛙
还有其他很多很多的动物

亲爱的动物们
感谢你们,牺牲生命来喂饱我们
甚至,为我们的家庭带来经济收入

感谢你们满足我们的口腹之欲

感谢你们让我们的祖先长辈们活下来

让这个家族延续下来

感谢你们为这个世界所做的贡献

感谢你们平衡了这个世界的生态

我们不但取走了超过我们需要的

我们还随意地浪费你们、伤害你们

我们为我们的浪费向你们道歉

对不起

所有的动物都有灵性

人是万物之灵

但我们却没有好好地对待你们

对不起

请原谅我们

今后,我们会珍惜生命,照顾好大自然

做好环保的工作

因为我们照顾的不再只有我们自己

还有我们下一代所生活的地方

而这不是别的地方

这是我们共同的家园

现在,把我们心中的爱和心中的光

伴随我们的祝福,都照射到前面这些动物们身上

让它们感受到我们的祝福、我们的爱

想象生命之光从无限的宇宙

照到所有这些动物的身上

感恩这些动物为我们的经济提供的所有帮助
感恩它们为我们的口腹提供满足
为这个世界带来平衡
没有它们，我们也会毁灭
原谅我们的贪欲和自私

谢谢你们，如果我们的家人曾经伤害过你们
我在这里向你们道歉
我知道有些事情无法挽回
但在这里我学习到了更加珍惜生命
我不再滥杀动物
我会尽我的能力，为这个环境带来尊敬、保护
你们都是我们的一部分
谢谢你们，我爱你们
把心中的光送到这些动物们身上

让这份感谢和祝福
照耀到所有我们伤害过的动物们身上
让它们在我们祝福的伴随下
回归生命的源头

系统观读懂孩子：常见疾病

气喘

气喘的系统动因来自家族里的惊吓事件，或者一些恐怖事件、意外事故等。如果孩子小时候经历过惊吓，或者是重大创伤，加上这种家族系统动因，就更容易患上气喘。

思觉失调症

思觉失调症往往是因为家族里存在谋杀事件，而孩子承接了加害者与受害者双方的能量。因为加害者与受害者在他内在是对立分裂的，所以他承接了这两股能量后，内在就产生了严重的分裂与对立。

注意力不足多动症

注意力不足多动症的基本原因，是孩子的内在有很多能量，所以没有办法安定下来，他的注意力是分散的。从家族系统排列中还能看到其他的原因，比如孩子的父母是分开的，或他们的管教不一致，甚至对立、争吵，从而导致孩子一方面要配合爸爸，一方面要配合妈妈，以致注意力不能集中。

妥瑞氏症

妥瑞氏症的系统动因，有可能是家族里有一些伤害动物、电击动物，或者是敲打动物的头部，导致动物脑部受伤、受损等行为。因为动物也是我们生活的这个世界系统中的成员，所以如果我们用不适当的方式对待它们，甚至去伤害不应该伤害的动物，这种残忍的对待就会带来负面的能量，如同诅咒一般回馈到我们的家族里。孩子往往最容易吸收、接收到这些负面能量。此外，一些家族的谋杀事件，也可能导致癫痫或妥瑞氏症的发生。

躁郁症

躁郁症又称双相情感障碍，包括躁症发作、郁症发作。

躁症发作是因为在家族里面，有一些事情我们不愿意去面对，比如亲人过世。而另一方面，他通常感觉自己像超人一样无所不能，情绪非常容易躁动，但总不能脚踏实地去落实。

郁症发作是指人们沉溺于过去发生的事情里，困在那种忧郁、抑郁、悲伤的情绪里，这个时候就会产生郁症。

当家庭里发生一些难以面对的事情时，生在这个家庭的孩子往往想要为这个家承担。上面提到的两种病症，一个是因不愿面对而产生，一个是因困在事件中而产生。当两者都被孩子承担的时候，就会产生躁郁症这样的疾病。

厌食症

孩子厌食一般跟父亲有关系。当父亲想要离开家，甚至有自杀的想法，孩子想代替父亲离开就容易出现厌食的情况。如果孩子暴食，就代表孩子只能接受母亲，而无法接受父亲。若是暴食又催吐，则表示孩子只能接受母亲，但同时又想跟随爸爸离开或死去。这是从系统排列中观察到的许多实例。

过敏

神经比较敏感的人,往往是因为他的家族里面发生过一些家人难以接受的事,他们想要把这些事排除掉,所以出生在这个家的孩子,就会对某一些东西产生过敏反应。

当孩子们出现这样的身体反应,就表示他们遇到了一些无法消化或者不愿意接受的事情。或者是因为一些难以接受的焦虑反应,从而引发过敏现象。

自闭症

自闭症的系统心理动力,往往源于家族系统里的秘密。家人不愿接受这个秘密,于是就把自己的心灵封闭起来。他们的心灵就像被某种屏障阻断了,他们能够看到的事情变得很有限,他们生活的世界就像一个封闭的盒子。而出生在这个家的孩子就承接了这样一种遗传记忆,好像自己活在一个封闭的世界里,只能看到自己关注的那个小小的世界,看不到周围的广阔世界。

家有儿女 Q & A

Q：孩子右腿浮肿两年多了，医生说是淋巴回流障碍，但找不到原因。孩子走路一多腿就会胀，尤其是脚踝部分。

A：如果孩子手脚有问题，有一个可能，那就是孩子不想行动了，这时，孩子的脚就会出问题，因为这样他就不用走了。或者，孩子是在替代什么。我在实际工作中遇到过一个案例，因为妈妈一直沉浸在失去丈夫的悲伤中无法前行，所以女儿就代替妈妈——女儿双脚就无法行走。等到妈妈放下自己的悲伤，重新开启人生的新旅程，女儿也就能够走路了。

Q：老大曾是小脑萎缩，但现在老二走路也不稳了，我很担心他也会和老大一样。

A：家人中出现类似的病，有时候是因为一种盲目的忠诚，亦即当一位家庭成员发生这样的事，为了忠诚于他，所以其他人也发生同样的事。如果老大没发生这样的事，老二也不会这样。但这种忠诚的爱会让整个家庭悲剧不断，不是一种成熟的爱。真正的爱是，即使大哥这样，我也依然要让自己健康快乐。所以，你要告诉你家老二：

"我知道你爱哥哥,但哥哥有自己爱这个家的方式,有自己的命运。你要感谢哥哥为这个家付出的一切。而你也要用不一样的方式来爱这个家。"

Q: 孩子有多动症,刚上幼儿园,常坐立不安,还老是搞破坏,对周围的小孩除了打就是骂,在幼儿园时需要特别看护。我带他看了很多精神科的医生,但状况还是时好时坏。

A: 多动症的孩子,注意力往往是分散的。很多这样的孩子,他们的爸爸、妈妈之间是疏远的,爸爸一个样,妈妈是另一个样。家里处于这种情况时,孩子的注意力就没有办法集中。当爸爸和妈妈的关系真正和谐了,他就可以集中注意力。

如何做?多给他一种爸爸妈妈是在一起的感觉。在家里,爸爸妈妈多坐在一起,多牵牵手。管教孩子的时候,爸爸妈妈也要一致,不要爸爸对他发脾气,妈妈却护着他;一个要这样教,一个却要那样教,这样孩子就会是分裂的。而在爸爸妈妈合一的过程中,他会越来越觉察到爸爸妈妈是一致的,是一体的。这样你们就不会把孩子多动的情绪诱发出来。

孩子喜欢打人、喜欢破坏,是因为他内在的情绪不稳定,所以外界一触动,他就发作了。你们要让他去发泄,最好的方法是带孩子多运动,比如踢足球、打篮球、游泳,让他的情绪有一个出口,慢慢地,他就学会控制自己的力量了。

Q：最近刚当了妈妈，可是看到一个新闻把我吓坏了。有个大学生，学习成绩还蛮好的，但突然就把自己的妈妈杀掉了。这给了我非常大的震撼，我不知道为什么孩子会那样对自己的妈妈。

A：像这种社会案件，因为我们不知道具体细节，所以只能是推测。有可能他们家族里曾经发生过谋杀事件，那样的话，他无意识里就会承担着这种谋杀者的冲动。

有这种谋杀事件的家族，一般会导致后代出现两种状况：要么产生思觉失调症、躁郁症、妄想症；要么重复这些事件，去杀害或伤害别人，或者使自己被伤害，再一次经历那些事情。

第七章

我的教育观

探寻自己的人生，
认识并发挥自己的热情，
这是我从父母那里得到的
最重要的教育。

什么是真正的成功

现在的人对成功的标准有一些迷失,而这也影响了家长对孩子成长的期待。大多数家长以孩子的考试成绩优异或者考上名校作为成功的标准,孩子能不能活用自己学到的知识、孩子有没有创造力,这些反而没有多少家长关心。这样的教育使得许多孩子死记硬背课本知识,能通过考试就万事大吉;上了大学,所学的并不是自己喜欢的学科,工作了也不能发挥自己的特长。所以我想,是时候认真思考一下,什么是真正的成功了。这样我们才能够确定教育的正确方向是什么,才能用更正确的"道"帮助孩子走向真正的成功。

什么是真正的成功?很多人给出过答案和标准。我认为以下四点可以作为成功的参考标准。

第一,他要拥有高尚的品德。我们常说"德才兼备,以德为先",一个人有高尚的品德才能得到他人的尊重。

第二,身心健康,情绪开朗稳定。如此,他面对任何困难都能淡定、从容地去处理。

第三,懂得表达自己的情感,懂得爱自己和他人,拥有良好的人际关系。这样的人,他的生活环境会和睦友爱。

第四,能够勇于探索自己的人生,找到自己的热情所在,并且能够勇敢地实现自己的理想,为这个社会做出自己特有的贡献。

明确了以上这四点，我们就能确定未来教育孩子的方向。当孩子朝着这些方向发展的时候，我们就知道他已经走在对的路上了。请不要把焦点放在孩子的考试分数上，也不要把视线一直放在他的薪资条上，只要他能够朝向这四个标准努力，只要能达到其中任何一条标准，你的孩子就已经是一个成功的人了。

具体该怎么做呢？家庭教育是根，父母要成为典范。

我们常说要创造好的家庭环境，但什么是好的家庭环境？不是开名车、住豪宅，而是父母良好的典范。只要我们自己达成以上四项成功标准中的一项以上，并让孩子看到我们人生的样子，基于归属感的需求，孩子会让这些良好的种子植入他的人生土壤里；日后加上他自己的探索与努力，他就有机会实现自己的人生理想，开出属于自己的花。这就是父母要创造的家庭环境，这就是家庭教育。

因此，我认为教育的焦点就是这四种教育的结合，即爱的系统教育、品德教育、情绪教育以及实现人生理想的生命教育的结合。

爱的系统教育

爱的教育不仅是教孩子如何爱，在落实的时候更要把握系统思维，所以我称之为"爱的系统教育"，这也是本书的特点，即明白"我们每一个人都在系统里，我们做了什么，我们怎么爱，就会带来什么结果，创造怎么样的人生"。

在20年的工作实践中，从上万个案例里面，我已经看到，每一个人都在系统里。就如同前面章节所说的，孩子因为对系统里爱与归属感的需求，往往会用一些偏差的行为或不良情绪、疾病来归属于这个系统。因此，即使我们教育孩子遵循了道德规范，或者为他培养了一些好的品性，但如果没有满足他内心深层对爱与归属感的需求，那他还是有可能困在盲目的爱里，阻碍自己进入"马斯洛需求层次理论"中提到的自我实现的需求。

每个人都在关系系统里，所以我们要在关系中教会孩子如何爱，把孩子盲目跟随的爱转化为一种成熟的爱。比如我辅导的那些犯法的少年，他们打架、伤害或者偷窃，但在这些行为背后我看到的是家庭的伤痛。比如父母失和、离婚、吵架，等等，让孩子没有归属感，于是孩子就在外面寻求归属感。一旦结交不好的朋友，就会被这些朋友带入歧途。

我在儿童医院辅导很多生病的特殊儿童，比如癫痫、自闭症、多动症、妥瑞氏症，甚至一些脑神经的罕见疾病。那些疾病背后的真相是，这些孩子其实是在为家庭承担某些情绪。患上这些奇怪的疾病，正是他们爱这个家的方式。

因此，爱的系统教育非常重要。那么，我们要如何教孩子学会爱这个家的正确方式呢？

首先，可以从父母之间的互动中学习。夫妻之间要用一种平衡的方式来爱对方、尊重对方，这样，在生活的点点滴滴间，孩子就会学习到这种爱的方式和尊重的方式。而当夫妻意见不合，彼此需要通过讨论甚至吵架达成共识的时候，孩子也能学习到怎么带着一份爱来沟通。同时，夫妻双方要学会达成一致，以同样的意见、同一阵线来面对孩子，这样孩子就会感觉到稳定、安全。

最重要的是，我们要教孩子遵循五大法则，也就是整体法则、序位法则、平衡法则、事实法则和流动法则。

在整体法则里，我们要教孩子学会尊重，尊重家族里面每一个成员，包括那些被堕胎的孩子、夭折的孩子，以及家族中发生不幸、意外死亡的家族长辈们。对那些人做纪念的事情时，尽量让孩子也参与进来。如此，他们就能学会尊重家族里每一个人的命运，并且把他们都放在心里面。

关于序位法则，我有一个自己的例子。有一次我们夫妻在家里讨论事情，出现了意见分歧，并且吵了起来。这时儿子在旁边，对他妈妈说了一句不太礼貌的话。我立刻停止了与妻子的争执，严厉地指出孩子的错误。我对儿子说："爸爸妈妈吵架，是爸爸妈妈之间的事，这是我们大人的事。但是你的妈妈永远是你的妈妈，你不能对她不礼貌，你要尊重她。"表面上孩子似乎是在赞同我的意见，但是他涉入了我和妻子的争吵，而且对他妈妈不礼貌，这显然违背了序位法则。通过这件事，孩子就能认识到，他爱我可以，但必须回到自己的序位。他要尊重他的妈妈，这样我才能感受到他对我的爱。

第三个是平衡法则的运用。比如，教育孩子想要得到就得先付出的道理。我儿子小的时候很想要一个乐高玩具，那时候我们正在鼓励他读一些传统经典，于是就用这个作为条件。为了得到那个玩具，他很努力地背诵了老子的《道德经》。此外，从5岁开始，我会邀儿子跟我一起洗碗。通过这样简单的家务，他开始学会用付出来平衡这个家对他的爱。当孩子可以付出时，他就能接受更丰盛的给予。

除了家庭的系统之外，还有一个更大的系统，就是地球的系统。这个系统里面除了我们人类，还有许多其他生物。我教育孩子要珍爱生命，爱护所有生命。我的孩子很特别，他从小就不喜欢吃肉，他看到那些动物被杀害，会觉得很残忍，所以他从小就很少吃肉。我们对他并没有饮食的要求，吃什么或不吃什么完全是他自己的选择，但是很自然地，他对自己的生命、对周遭的生命有一份觉察，很自然地就选择不吃那些活蹦乱跳的动物。这就是一份对系统整体的爱。

永远不能忘记品德教育

　　品德教育的内容很广泛，包括孝悌、忠信、礼义、廉耻等。对孩子进行品德教育最好的方法是身教，家长要在自己的一言一行中将"品德"二字渗透给孩子。在我心里，我的父亲就是一个有着高尚品德的人，从他身上，我学到了许多良好的品德。

　　《弟子规》说"首孝悌"，我父亲教给我的第一堂品德课就是孝悌。他是一个非常孝顺的人，对兄弟姐妹也非常友爱。以前他家里穷，所以他赚的钱一大部分都拿回家交给我奶奶，帮助维持一家人的生计。我也学习到了他的这种孝悌精神，街坊邻居都在我母亲面前夸奖我。我们兄弟姐妹之间也都彼此关爱，相处得很和睦。

　　勤俭的习惯也是我从父亲身上学到的。父亲一直都特别节俭，所以我的衣服、鞋子也总是能穿的就穿，不能穿的就捐，从不随便丢弃浪费。我花费最多的可能就是在学习和买书上面了。

　　我父亲是政府官员，在政府税务部门供职，曾经管辖过当地最有名的年货大街迪化街。我看到过很多商人带着礼物来拜访他，也看到很多礼物下面藏着大额的钞票。每次我父亲都会非常坚决地把钱退回去。从这些事情上，我学到了忠信清廉，也看到了父亲的官场智慧。父亲对朋友也非常有义气，只要朋友需要他帮忙，他总是二话不说为之奔走。

　　更重要的是，我父亲教会了我面对错误的态度。小时候每当我犯错，父亲不会骂我，更不会打我，而是有智慧地引导我好好思考，到底犯了什么错，如何面对，要怎么改过。在过去的人生道路上，我也的确犯过许多大大小小的错。父亲的这些引导帮助我反省自己，并勇于改过，而这也影响到我教育自己孩子的方式。

我孩子7岁的时候，有一天我陪他在一家书店看书，那家书店很好，允许读者自己挑选喜爱的书在店里阅读。我儿子挑了一本关于汽车游戏的书，我陪着他一起坐在书店读。那本书蛮厚的，儿子翻页的时候没拿稳，书在手上滑了一下，"刺啦"一声把一页撕开了一个1厘米左右的小口子。孩子惊住了，茫然地望着我。我当时想，裂口很小并不会被注意到，把书一合就掩盖过去了。但又一转念，觉得这正是一个教育孩子的好机会。

我问他："我们现在怎么办？"儿子还是有些不知所措。我引导他："你好像犯了一个错误哦，好好想想，怎么解决它。"我们讨论了一会儿，决定由儿子把这本书拿给收银台的店员，告诉店员事情的经过，请教店员他应该负什么责任。如果需要他把这本书买下来，我可以帮他付钱，之后他需要用做家务的方式来"偿还"这笔费用。当时，儿子抱着那本又厚又重的书缓慢而笨拙地走到收银台前面，告诉店员发生的事情，并将那道撕破的小口子展示给店员看。店员看了，微笑着点点头，温和地说："只有一点点哦，没有关系的。"整个过程他自己完成，我躲在一边准备着，一旦有突发状况就冲出来帮忙。当听到店员的话和看到儿子如释重负地松了口气时，我也长长地松了口气。

回家的路上，我问他："你学到了什么？"儿子的小脸竟罕见地认真起来，说："我知道自己犯错了。虽然一开始很害怕，但没想到真正去面对的时候，竟然被原谅了。"

我想，儿子经历的这件事情对他来说是一次很重要的学习，于我也是对父亲的再一次学习。

为什么拥有高尚品德的人就是一个成功的人呢？因为它完全符合"生命五大法则"。孝悌，其实就是序位法则的体现；忠信则顺应了整体法则，因为它照顾着系统里面的每一个人，而朋友的义气就是一种平衡的法则。懂得廉耻，知错能改，正是遵循了事实法则。

我母亲则教给我品德的另外一些内涵。母亲是一个非常善良并且有爱心的人。她教我看到别人的好处，不要随便说别人的坏话，多说好话。而这就是关于爱的流动法则。

因为母亲这份善良与爱的身教，很多年以来，我一直坚持做公益。我帮助过许许多多的家庭和孩子，其中不乏残疾生病的人、少年犯，或是因为家族因素没有办法过自己人生的人。我尽力支持他们朝更健康快乐、更成功的方向走。我们的企业捐建了一所希望小学，帮助了 200 多个孩子。我自己也在世界各国认养了 38 个孩子，让他们有饭吃、有衣穿、有书读。这一切都是源于我从母亲那里学到的那一份善良的爱心。

我做公益的时候会尽量把孩子带在身边，让他学习这份爱与善。所以对于弱小者，他也会充满悲悯。从五六岁开始，每次在路上遇到可怜的乞讨者，比如身患残疾的，或者岁数特别大的，儿子都会拉着我的衣袖指着那个乞讨者说："爸爸，他很可怜。"这个时候，我就会拿出一些钱让他给对方。有一次过年，我们在孤儿院做义工，他把自己存了大半年的零用钱全部捐给了那些孤儿。

对于一些弱小的物种，他同样充满爱心。有一次我带他去爬山，路上有三四个小孩抓了好些蝴蝶放在一个透明的小塑料桶里。被抓的蝴蝶们在塑料桶里东冲西撞，无望地挣扎。那个时候他只有五六岁，面对那些比他大的孩子，他毫无畏惧之色，指着那些蝴蝶说："它们好可怜，你们应该把它们放回家，要不然它们会死掉的。"那些孩子的家长也在旁边，听了我儿子的话很是赞赏，劝说自己的孩子把那些蝴蝶都放回大自然。

我想，真正的品德教育应该就是这样，父母以身作则，在生活的点滴间无声展开。我父母是这样实践的，我也是这样实践的，希望我的儿子将来也能这样教育他的孩子，一代代传承下去。

表达自己、关怀他人就是成功的情绪教育

情绪教育也就是让孩子学会怎么正确地表达情绪、控制情绪、转化情绪，并学会如何与人沟通。

在我父亲的那个时代，他们所受的教育是"男儿有泪不轻弹"，所以我从父亲那里学到了一份坚忍与坚强。但因为他用这种比较压抑的方式来处理自己的情绪，所以他五十多岁的时候就得肝病过世了。

我爱我的父亲，但在接触系统排列之后，我学到了，不需要跟他用相同的方式来对待及压抑自己的情绪。而且，正因为我爱我的父亲，我要用更好的方式来转化我的情绪，运用我的情绪。也因为这样的信念，所以我对于情绪的掌握，还有情绪的转化特别快。这样的经验让我有能力帮助许多人面对他们的情绪。

在家里，我的孩子也受到我的影响，学会了情绪的表达与转化。在儿子上幼儿园时，老师就发现他的情绪很平稳，能够很快速地转化情绪。他不像有的孩子，要么情绪特别容易激动，要么情绪很压抑，或者有时候困在自己的情绪里伤心不已，大哭大叫。幼儿园的老师们非常惊讶于这一点，还邀请我到他们幼儿园为其他的家长和老师做演讲，教导他们帮助孩子提升情绪管理能力。

我觉得情绪的表达和转化，关键在于有良好的亲子关系。你要愿意听孩子说，孩子才愿意跟你说；你懂得如何去倾听，如何

跟孩子沟通，孩子才会愿意听你说。

我儿子 7 岁的时候，有一次带着玩具到他表弟家玩。他有两个表弟，一个 6 岁，一个 4 岁。他不想把玩具借给 4 岁的小表弟玩，所以那个小表弟就一直追着抢他的玩具。后来，我儿子急了，打了小表弟两拳，小表弟立刻还手，两个人扭打成一团。大人们见状赶紧把他们拉开，让他们平静下来。虽然大人们劝说他们握手言和，但两个孩子都不愿意。

我们回家的路上儿子主动跟我说："爸爸，关于刚刚跟小表弟打架的事情，我想跟你聊一聊。"（这竟然是一个 7 岁孩子的 EQ！）

我回答："好啊，刚刚怎么了？你为什么突然转身打小表弟？"

儿子说："我把乐高玩具放在背包里了，小表弟没有经过我的同意就自己去拿，情急之下我来不及阻止，就转过身打了他两拳。"

"哦！你那时候一定是被逼急了。"

"是啊，他就一直追着我要。"

"那下一次你可以怎么做？你是否愿意和他分享这个玩具呢？"

"可以呀，我有分享给大表弟。"

"那为什么不分享给小表弟呢？"

"因为他没得到我的同意就把玩具拿走了，而且他会在旁边大喊大叫，所以我不想分享给他。"

"如果他先征求你的意见，并且在一边安静地等待你的答复，你愿意分享给他吗？"

"嗯，我会观察他。当他能安静等待，并且答应小心玩这个玩具时，我就会分享给他。"

"太好了！就这么办。"儿子认真地点点头。

我又问："但是如果他办不到，而你又不想分享给他的时候，是否可以用别的方式来表达，而不是动手呢？"

儿子想了想说："我可以用说的方式，然后把我的玩具保护好。"

随后，我就跟儿子做角色扮演的游戏。我扮演那个小表弟，要抢他的玩具，我儿子努力保护自己的玩具，瞪着眼睛对我说："我不想分享给你！"口气非常肯定。

说完，我们两个都笑了。

游戏结束后，我问儿子："如果小表弟太小，他听不懂，还是抢你的玩具，怎么办？"

儿子想了好久，终于想到一个解决办法，就是去他们家玩的时候不带玩具。这样，小表弟没有看到这个玩具，就不会要了。

过了两天，我又带儿子去他表弟家玩。这次，他没有带玩具。小表弟发现儿子没有带玩具，抱怨了两句就忘记了，三个小朋友玩得很开心。

所以，当孩子有情绪的时候，我们要教会孩子，正确地表达自己的情绪。当情绪得到表达后，孩子会冷静下来，理智地想办法解决眼前的问题。同时，在找解决方法的过程中，他也能成功地转化那些情绪。

孩子，我们这一生为何而来

我是谁？我为什么而活？这是生命的核心问题，也是灵性教育。作为父母，我们要鼓励孩子去探索自己的人生，找到生命的趣味，认识自己并发挥自己的热情，找到真正想要做的事情。这是我从父母那里得到的最重要的教育。

他们总是让我自己去发现我想要什么，我人生的目的是什么，人生的意义是什么。他们给了我一个无限的空间去探索，从来不对我设限。因为有了这样的自由，我愿意为自己的人生负责任，勇敢地去探索。并且更重要的是，我找到了实现人生价值的方向，进而对这个社会做出贡献。我认为这是父母亲应当教会孩子的最重要的一件事情。

事实上，是宇宙这个大生命，透过父母这样的媒介，把每个生命带到这个世界上。因此每个孩子来到这个世界，都有他的人生使命。作为父母，把生命传给孩子，已经是一件非常了不起的事了，如果能够支持孩子去达成他的人生使命，那真的就是父母最大的成就了。

如何协助孩子去达成他的人生使命？最重要的还是自己以身作则。

作为父母，我们是否找到了自己人生的使命，清楚自己这一生为何而来？我们是否能够认识自己，找到自己的天分、自己的热情，并且好好地发挥？我们对自己所做的事情，是不是常常抱有一份肯定？当我们做到这些，我们才能够更好地影响孩子，帮助孩子立下他人生的志向，实现他人生的理想。

比如，我在二十几岁的时候开始探索：我是谁，我为什么活着，我这一生为何而来。我的父亲给了我很大的空间。最开始，我对自然科学感兴趣，尤其是物理。整个中学时代，我对物理都很痴迷，喜欢做实验，学得还不错。从物理学的角度，我开始了解这个世界是怎么构成的。上大学的时候，我开始接触到社会科学和商学，这些也让我产生了浓厚的兴趣。后来，我接触到中医，我觉得这就是我想要的，因为中医对人的了解是一种整体观，对天地与人之间的互动也有很多探索。透过这种哲学观，我对人与天地又有了更深的认识。我开始当中医师，扎针灸，帮了不少人，我也非常开心。

行医过程中，我发现医人最后还是要医心。机缘巧合中我到了德国，接触到了系统排列心理学。我发现系统排列是一门整合的学问。于是，我全身心投入其中。沉浸其中我才发现，原来我以前学过的物理学、医学、心理学、商学、哲学、宗教与传统文化，其实都可以融入其中。

作为一位家族系统排列导师，必须要有深厚的底蕴，这是由导师过去所有的生命历程和专业经验累积，以及一颗脚踏实地、不断精进的心所养成的。更重要的是，我要训练自己感知背后这份生命力量的推动，进而面对生命本来的样子。

在全世界，我已经帮助了成千上万的人。对这一切，我要感谢我的老师海宁格以及其他所有的老师。他们使我站在巨人的肩膀上，让我看得更广、更远。同时，我也非常感谢我的父亲，正是他给了我这样的空间，让我能够真正静下来跟自己的内在建立联结，从而明了自己真正想做什么。父亲的支持让我这一路能够完全追随自己的内心，找到自己的人生使命。

我想，生命的意义就是，活出生命所创造出的独特的自己。父母生孩子时，是生出他的肉体生命；如果因为父母的支持，孩子满足了灵性的需求，立身行道，活出自己，那就是再一次在"道"中生出自己，生出自己内在的灵性生命——这份重生就是孩子所能够回报给父母最伟大的礼物了！

未来教育的新焦点就是以上这四项教育的整合，对于这四项教育之间的联系及整合后所带来的效益都还在发展阶段。如果能够有这四项教育工作者的跨领域整合，我相信未来的教育必能培养出更多优秀的人才。要是有越来越多的家长、学者、教育工作者和社会热心人士能将这四项教育带入家庭与学校，就能有越来越多的孩子以良好的品德、开朗的态度、成熟的爱与智慧创造成功的人生，一起为更多的生命服务，实现更多美好的人生！

▶ 练习

48 小时内行动

现在,你和孩子的新故事才正要开始……

第一: 请参考附录 1 "给家长的家族关系检视表",开始了解你的家族系统,寻找认证合格的排列师为你进行系统排列,以便更加了解自己与孩子的家庭系统动力,朝向更健康快乐的方向成长。这将开启你人生的新旅程。

第二: 48 小时内完成一件有"爱"的事,这份爱要遵循生命五大法则。请专注内心,并将心中想到的这件事写下来,然后在 48 小时内落实行动。一旦我们开始遵循生命五大法则生活,我们会发现这个伟大的生命正全心全意地照顾着我们、我们的孩子、我们的家庭,以及整个世界。

附录1　给家长的家族关系检视表

一、整体归属感

- 大家都知道祖父、祖母和外公、外婆的名字吗？
- 你了解祖父、祖母和外公、外婆的历史与为人，并承认及尊重他们吗？
- 在家里谈到所有其他家人时，你的态度是尊重的吗？
- 你是否了解你的家族系统有哪些成员呢？
- 是否所有家人都有同等的归属权利，没有人被排除？
- 是否所有家人都感到归属于这个家？
- 孩子们感觉自己属于这个家吗？
- 在心理上，是否让早逝或早夭的家人，仍然属于这个家？
- 对于曾犯错、犯罪或施行暴力的人，大家是否仍接受他是家庭中的一员？
- 夫妻是否有在心中给堕胎的孩子一个位置，并一起面对？
- 遇到危机时，家人是否能团结应对呢？

二、回归序位，负起自己的责任

- 超过两代以上的家族里，是否有某些传统出现？大家尊重这些传统吗？
- 长年对家付出的人是否受到尊重？是否被公开地感谢？
- 家长是否清楚身为一家之主的责任？

- 家长是否认为自己是在为这个家和家人们服务？
- 大家都有为这个家共同的幸福和谐努力吗？
- 家人的身份位置与责任义务之间有明确的界定吗？
- 长辈对晚辈是否带着关爱、照顾的态度？
- 在晚辈需要时，长辈是否能严格管教？
- 晚辈是否尊重长辈？提到长辈时，自己的态度是正面的吗？
- 晚辈能否以尊重的方式表达不同的意见？
- 夫妻提到对方时，态度是正面的吗？你们是否尊重彼此的父母与家族？
- 父母是否能自己面对彼此的冲突，不让孩子卷入？

三、施与受的平衡

- 大家认为这个家的爱与被爱有平衡吗？
- 每个人是否都珍惜家人对他的付出？
- 你是否对这个家的付出与回报感到平衡？
- 家庭工作是否被平衡地分配？每个人是否乐于接受自己范围内的责任？
- 家长在乎家中每个人的需求吗？
- 若发生危机，长辈们愿意承担责任与风险吗？
- 夫妻能否向对方表示感谢，并想回报对方的付出？
- 夫妻间是否感到平衡？沟通是否顺利？
- 夫妻对两人间的性生活是否感到平衡满意？
- 夫妻对于负面的伤害是否能表达出来，平衡处理？
- 家中金钱的互动与处理方式是否合理，遗产处理是否顺利？

- 家人与外人间的金钱往来是否顺利？有无不当得利？
- 家中是否有共同基金，作为这个家的休闲、学习与发展之用？

四、尊重与承认事实的原貌
- 家中每个人的身份都是被承认的吗？
- 大家会公开谈论家庭危机吗？
- 大家会坦然承认错误吗？
- 大家会称赞好的表现、承认成功吗？
- 对于家人的不幸死亡，大家是否能表达哀悼，承认事实？
- 若家人曾伤害、杀害他人或被别人伤害与杀害，双方是否已经和解？
- 是否能尊重家族的秘密，或准备好以尊重的态度来面对？
- 对自杀、发疯、重病或有不良嗜好的家人，大家提及时是否使用善意的话语？
- 提到自己或父母的前任伴侣与婚姻时，态度是否友善？
- 每个人是否了解家里的财务状况？

五、活在当下，生命力往前流动
- 提到过去时是否用积极正面的语言，而非否定或抱怨？
- 家人会不会一再犯同样的错误，能不能从过去的教训中获得经验？
- 家人是否一直怀念过去，而无法继续前行？
- 你是否认为父母希望你过得幸福快乐？
- 当你过得幸福快乐时，是否会对原生家庭感到愧疚？
- 当原生家庭与你成立的家庭同时需要你时，是否会优先考虑你成立的家庭的需要？
- 家里每位成年人的婚姻是否都顺利？
- 你的父母是否与你的另一半相处融洽？
- 你是否能感受到父母已经把最好的给予了你？
- 你是否将父母给你的爱传给了孩子？
- 你是否实现你的使命，朝向你的理想迈进？

附录2 读懂孩子——
生命教育／家庭教育在校专案实施计划

当前，教育工作方法与时俱进，各种教育方法发展蓬勃，并被普遍地运用在教育工作上，协助许多学生获得更好的学习表现。然而在教学过程中，经常会遇到学生深受家庭动力之束缚，影响其身心状况与学习效果，从而出现教育工作进展受限或是无法着力的情况。

针对这样普遍的教育工作限制，以系统心理学为基础的"鼎文生命教育"即是目前可以突破这一限制，针对孩子的家庭系统与身心状况进行深层心理调适，以支持教育工作得以更加有效开展的一种方式。通过这一系统工作的引进，以期真正了解孩子深层的心理状况，并将父母、老师、孩子三者相互联结起来，以帮助孩子发挥最大的潜能，能够更好、更开心地学习。"鼎文生命教育"以演讲、实际互动体验与个案探索这三种形式相结合的方法，让父母读懂孩子在情绪、行为、人际关系与学习障碍背后的家庭心理动力，并引导家长及学生做出适当的调整、改变，以针对个性化的困境找到系统上的着力点，帮助孩子获得更好的学习成就。

一、方案简介

（一）方案目标：从系统心理学的观点理解孩子议题的家庭系统因素，并以工作坊之集体练习与系统排列个案操作等活动来探索议题的解决策略。

（二）实施时间

（三）执行单位

（四）协办单位：道石教育

（五）参加对象：大中小学生及家长，以及关心学生情况的老师们

二、服务流程

第一步：由学校召开演讲会。

第二步：由导师与助教带领家长与孩子探索深层心理动力与寻找改变之道。

时段 课程内容	第一天	第二天
上午	孩子的情绪、行为在暗示什么	家庭重要事件如何影响孩子
	以系统整体观了解孩子	系统动力的运作法则
	夫妻关系如何影响孩子	亲子问题个案操作三
	家庭教育实际互动体验	亲子问题个案操作四

续表

时段　　课程内容	第一天	第二天
下午	孩子学习问题与人际关系暗示什么	亲子问题个案操作五
	系统排列的基本概念简介	生命教育实际互动体验
	亲子问题个案操作一	爱的序位与解决之道
	亲子问题个案操作二	返回生活与运用

三、课程执行与课程评估

（一）课程执行

（二）课程评估

第一步：课程前后问卷调查

第二步：参与成员回馈

四、预期效益

（一）预计服务孩子及其家长500～1000名／校。

（二）通过参与课程，有八成家长对孩子有更多了解，并能觉察到孩子的问题与自己及家庭的关联性。

（三）通过演讲、个案探索与互动体验之参与，有八成家长找到孩子与家庭问题的后续调整方向。

附录 3　百万家庭读懂孩子读书会筹办计划与讨论提纲

孩子，总是最能牵动整个家庭乃至家族。
孩子，总是最能带给我们快乐与希望。
孩子，也总是最能让我们头疼、束手无策。
束手无策，是因为我们不懂孩子。
头疼，是因为我们只看到孩子表面的问题。
其实孩子所出现的问题，
只是他们爱父母、爱家庭的方式。

只有看到孩子的爱在哪里，我们才能"读懂孩子"。

周鼎文老师将系统排列引进华人地区，20年来通过系统排列这门"自利利他"的学问，已帮助成千上万的家庭突破生命关卡与关系重建而获得幸福。同时，也推动了生命教育、家庭教育、学校教育、心理教育、司法教育、咨询辅导、企业咨询等领域重新开启整体视野与提升内在转化力量。

多年来，周老师一直在酝酿并行动，通过纯公益的方式来帮助孩子们健康发展。2017年，TAOS 道石学院正式启动"牵手大爱　千场公益"活动，在全世界传播中华传统文化的正知正念，传播系统排列助人技术。

2018年初，周老师在中国台湾举办"家庭系统排列辅助儿童医疗研讨会"，帮助特殊儿童医院患有神经系统疾病的孩子及家庭，这也是"牵手大爱 千场公益"的第500场活动。活动中的互动体验，让参与人员真实地看到了孩子疾病形成背后的真相，明白了要看到孩子，而不是看到附加在孩子身上的表象问题。

这几年周老师往来亚洲各地，公益足迹遍布各地，包括中国、日本、新加坡、马来西亚等国地方法院、特殊儿童医院、家扶基金会……累积了上万个家庭辅导案例，并将积累的经验整理成书，发愿帮助百万家庭读懂孩子。

周鼎文老师的话：

《读懂孩子》这本书作者虽然署名是我，但是真正的作者是一群"天使父母和天使孩子"，是一群爱孩子的爸爸妈妈们，这是大家一起送给这个地球上孩子们的生命礼物。我们有责任把这份礼物送到天下所有有需要的父母手里、孩子手里，这将是一份充满爱的分享。

而且，我决定把这本书的全部版税捐出来作为服务生命基金，用于诸多公益活动，服务更多生命，促进个人的成长、家庭的幸福、企业的成功、社会的和谐。

如何让百万家庭受益呢？

我们将发起"百万家庭 读懂孩子"计划，广邀读者从身边的人群开始，组织读书会或体验式沙龙，让百万家庭成员读到《读懂孩子》这本书，用系统的思维培养孩子，让更多孩子身心健康。

诚挚邀请您加入本计划，让更多的生命活在爱与和谐当中！

读书会筹办洽询窗口,请详见附录4"道石教育(TAOS)简介"末页。

读书会讨论提纲

1. 简述你理解到的归属感,回想自己或孩子曾经做过什么事是为了与父母保有归属感?
2. 分享一则近期印象深刻、符合或不符合生命五大法则(详见第一章)的案例。
3. 是否曾有"良知警报器响起"的经验?当时是怎么做的?现在会怎么看当时的自己?
4. 尝试绘制家族系统图(详见第二章的练习),说说画完有什么感想?
5. 聊聊当初是出于什么原因而接触这本书?
6. 觉察自己是否有处身于"加害—受害—拯救"的动力三角中?(详见第三章)
7. 使用第三章的练习,示范称赞孩子的方法。
8. 分享一则自己帮孩子修正行为的案例。
9. 身边是否有隔代教养、重组家庭的孩子?分享印象深刻的案例。
10. 列举一个事件,运用本书提到的四种情绪(详见第四章),分辨自己在事件中的情绪。
11. 分享一则自己和孩子发生的冲突。
12. 孩子或是自己是否曾经历过亲人的死亡,想想孩子那段期间的状况或分享自己当时的感受。
13. 列举一个交友困难的案例?说说可以怎么帮助这样的孩子?

14. 平常会和孩子聊生活上的事吗？通常在什么时机下进行？
15. 说一说对"中断的联结"的理解或感想？（详见第五章）
16. 身边是否有重男轻女的案例？或是罕见疾病的家庭？
17. 分享对第六章的哪一则案例印象最深刻？
18. 说说自己是否有和孩子一同面对问题的经验？过程是什么？
19. 分享读完第七章的想法或启发。
20. 为自己许一个48小时内想完成的爱的行动，可以分享出来，也可以默默许愿。

附录4 道石教育(TAOS)简介

我们坚信每个人都能成长,
我们坚信每个人都是为了实现人生价值而来,
我们坚信人生的目的就是要活出内在独特的自己,
我们坚信生命的意义就是要开花结果、生生不息!

道石教育是结合现代心理学、系统排列与中国传统文化智慧的教育培训机构。由国际著名系统排列导师周鼎文、游玉凤、易兰珍等联合创办,秉持着"为生命服务"的宗旨,提供具有专业性的家庭教育、生命教育、企业家课程、社会精英教育、心理健康咨询与系统排列等成长课程服务。

道石教育致力于培养正知正念的专业人才。旗下的道石国际系统排列学院被德国与中华系统排列学会所认可,提供业界公认权威严谨的排列师认证训练。至今,已在亚太地区培养了数百名导师,并在德国、美国、澳大利亚的国际系统排列大会、中国科学院心理研究所、中国人社部国家培训网、台大医院、台湾地方法院、北京大学EMBA总裁班、首都经济贸易大学等单位演讲授课,受到与会来宾的广泛赞誉与好评。

周鼎文老师秉持着"厚德载道,知行合一"的精神,发起了"牵手大爱 千场公益"活动,足迹遍布海内外,在数十个城市成功举办数百场公益活动,有数十万人从中受益。为生命教育、家庭教育、学校教育、心理教育、司法教育、企业经营与咨询等领域，开启了全新的视野，并激发了人们改变命运、实现愿景的力量。

展望未来，道石教育将会集更多志同道合之士，建立一所结合中西方智慧、适合现代人身心成长的学校，以促进个人成长、家庭幸福、事业成功与社会和谐为目标，共同为我们自己与下一代创造平安、健康、喜乐的生活而努力。

道石教育

官网：www.taos.com.tw

邮箱：service@taos.com.tw

地址：台北市南京东路四段 186 号 7 楼之 2

电话：+886-2-2578-3442

传真：+886-2-2578-1255

| 道石教育官方微信 | 道石教育官网 | 道石课程小助手 | 周鼎文内在排列引导 |

附录5　延伸阅读

- 《爱与和解：华人家庭的系统排列故事（珍藏本）》（2017），周鼎文，商务印书馆。
- 《洞悉孩子的灵魂》(2016)，伯特·海宁格（Bert Hellinger），北京世界图书出版公司。
- 《在爱中升华：海宁格智慧精华》(2011)，伯特·海宁格（Bert Hellinger），北京世界图书出版公司。
- 《当我们同在一起：父母、孩子、老师必读的系统心理学》(2009)，玛莉安·法兰克（Marianne Franke-Gricksch），道石TAOS。

图书在版编目（CIP）数据

读懂孩子：周鼎文家庭教育智慧/周鼎文著. —北京：商务印书馆，2023
ISBN 978-7-100-22728-5

Ⅰ.①读… Ⅱ.①周… Ⅲ.①家庭教育 Ⅳ.① G78

中国国家版本馆 CIP 数据核字（2023）第 127951 号

权利保留，侵权必究。

读懂孩子
周鼎文家庭教育智慧
周鼎文 著

商 务 印 书 馆 出 版
（北京王府井大街36号 邮政编码100710）
商 务 印 书 馆 发 行
北京顶佳世纪印刷有限公司印刷
ISBN 978-7-100-22728-5

| 2023 年 8 月第 1 版 | 开本 880×1230 1/32 |
| 2023 年 8 月北京第 1 次印刷 | 印张 7½ |

定价：56.00 元